U0481499

蠹鱼文丛

策划组稿：周音莹
　　　　　夏春锦
篆　　刻：寿勤泽

蠹鱼文丛

来新夏书信集

来新夏 著
王振良 编

浙江古籍出版社

图书在版编目(CIP)数据

来新夏书信集 / 来新夏著；王振良编. — 杭州：
浙江古籍出版社，2023.5
　（蠹鱼文丛）
　ISBN 978-7-5540-2480-5

　Ⅰ.①来… Ⅱ.①来…②王… Ⅲ.①来新夏—书信集 Ⅳ.①K825.81

中国版本图书馆CIP数据核字（2022）第245631号

蠹鱼文丛
来新夏书信集

来新夏　著　　王振良　编

出版发行	浙江古籍出版社
	（杭州市体育场路347号　邮编：310006）
网　　址	http://zjgj.zjcbcm.com
责任编辑	孙科镂
整体装帧	吴思璐
责任校对	吴颖胤
责任印务	楼浩凯
照　　排	浙江时代出版服务有限公司
印　　刷	浙江新华印刷技术有限公司
开　　本	710 mm × 1000 mm　1/16
印　　张	23
彩　　插	2
字　　数	352千字
版　　次	2023年5月第1版
印　　次	2023年5月第1次印刷
书　　号	ISBN 978-7-5540-2480-5
定　　价	128.00元

如发现印装质量问题，影响阅读，请与市场营销部联系调换。

谨以此书纪念来新夏先生百年诞辰（1923—2023）

来新夏（1923—2014），字弢盦，浙江萧山人。1946 年毕业于北平辅仁大学史学系。1949 年被保送至华北大学，师从范文澜先生攻读中国近代史研究生。1951 年奉调至南开大学历史系任教，由助教循阶晋升为教授。面世学术专著 30 余种及古籍整理多种，晚年仍笔耕不辍，出版有文史随笔《冷眼热心》等 30 余种。

前　言

《来新夏书信集》终于在深秋时节编定，心情格外舒畅。

其实这件事的初始创意来自王振良先生。2014年4月，他主持的天津问津书院向各界友朋发出《来新夏先生资料征集启事》的时候，我还在沉痛中难以自拔，但心中是笃定的——因为我知道，书信曾是来先生与师友亲朋间重要的交往方式，他不仅常以书信与师友交流探讨，而且对他人也是有信必复，非常及时，资料征集定有收获。几年的积累，正如所愿，在今春浙江古籍出版社为"蠹鱼文丛"邀约书稿的时候，竟也积有四百余通可成一集了。

首先应该感谢提供这四百余通信札的亲友，在搜集和整理来先生书信的过程中给予了无私的支持和帮助。书信集的面世反映了来先生人生的一个侧面，从某种意义上实现了他的一个夙愿——2002年，他在八十初度时撰写《烟雨平生——我的八十自述》中曾说：

> 我在难以测定的未来岁月里，依然要在笔耕舌耘的漫长道路上走着，我将以余年完成尚在进行的《清人笔记随录》一书。这是对清人所撰三百余种笔记所写的书录，体例一依《近三百年人物年谱知见录》，现已完成部分初稿，准备再以三五年时间完成定稿，使之与《近三百年人物年谱知见录》并成为我致力"为人"之学的证明，也为清史研究工作作出应有的贡献。如果还有余力，我将在与世无争的恬静心态下，回顾自己的一生，实话实说，写一部自述性的自传，以明本志。

在生命的最后十余年里，他在"难得人生老更忙"的愉悦中，不仅完成了《清人笔记随录》，还先后出版了《书目答问汇补》《近三百年人物年谱知见录》（增订本）和国家清史项目《清代经世文选编》等著述，最终远超十年前的计划，所惜者时光去如飞，撰写自述性传记的心愿未及实现。虽然留有这一短篇自述，也难免令期待的朋友们心生遗憾，我想《来新夏书信集》对此或可有所弥补。

此次收录的书信时间范围主要集中在 20 世纪 80 年代至 21 世纪初。80 年代之前的一段岁月，由于众所周知的原因，来先生与前辈以及同辈人之间交往的珍贵资料已难觅得，家中亦无所藏，这是本书的最大缺憾。80 年代起，随着社会和事业的发展，公私猬集，才有了繁忙的社会交往，尽管涉及的人、事，或重大或细微，或繁杂或具体，但都是那个年代的真实记录，是亲历者留下的历史足痕。新世纪以来通讯发达，手机、网络成为最便捷的联系方式，来先生也跟随时代潮流，书信往来渐少，只是偶尔兴之所至，才会操笔一述襟怀。

见字如晤，能有书信往来，无论识与不识都是一种缘分。来先生是性情中人，这些文字中，有他对前辈学人的尊重和礼敬，有对工作困扰的直抒胸臆，有与同辈的推心置腹，有对年轻知友的诙谐调侃，也有对陌生朋友的答疑解惑……话题无论是轻松的、严肃的，还是认真的、急切的，甚至是愤怒的，都秉持着他一以贯之的真诚，各方友朋提供的信札当能更生动、立体地看到真实的来先生。

这次整理的 494 通书信，来自 116 位师友（或单位），涉及了方方面面的人和事，从而引发我的无限怀想。先生作为一介读书人，生前多次谈及读书的目的——"淑世"与"润身"，如果说他所身体力行的"为人"之学和反哺民众是"淑世"情怀的体现，那么书信集中所反映的生活场景和字里行间表露的内心情愫则应是"润身"的书生本色。我随先生学史多年，晚年能伴随左右，却对其人生领会至浅，愿借助本书信集回馈大家的关注与期待。

王振良先生在繁忙的教研之余为书信集的搜集整理备著辛劳，在此深致谢意！

焦静宜　谨识

2021 年 11 月 7 日，时值立冬，大雪漫天

凡 例

一、本书信集以人系信，收信人按出生先后顺序排列（生日相同者别以姓名之音序），致同一人的书信按写作时间编次。写给两个人的书信以第一人的出生时间为准。极个别出生时间无考者附后。收信人是单位的，按汉语拼音顺序排列并置于最末。

二、每位收信人系以简单介绍，除了生卒年和籍贯之外，以收信时的身份、职称或职务为主，便于读者理解书信内容。收信人是单位的不作介绍。

三、书信通数计算，信后"附及"者仍计作一通，若新书抬头则计作两通并另行编排。

四、信中落款形式各异，整理时皆保留原貌，没有年份乃至月份者，考证后补入并加圆括号标识。

五、信中有少量繁体字、异体字、二简字，均改为当今通行之正体字；明显笔误之处，亦径改。

六、信中不宜公开的人名用□表示，不宜公开的电话或门牌号码用＊表示。不宜公开的段落，用脚注的形式注明有删节。信中所有×均是原文。

七、信中"05年"和"我已90"之类表述仍之不改。

八、信中标点符号多有省略者，据今之习惯用法酌加。

九、信中表示尊称的空格全部取消，表示礼敬的繁琐分行适当接排。

十、信中各种顺序编号，逻辑层次与今之通例多有不合，亦自保持原貌。

十一、个别书信略加小注，或纠正原信表述不确或过简之处（如著述文章名称、出处等），或交待原信写作背景、人物因缘，以便疏通文意，利于一般读者阅读。

目录

1　　致顾廷龙　1通

3　　致傅振伦　1通

4　　致荣孟源　1通

5　　致孙思白　1通

7　　致龚望　1通

8　　致左开一　1通

9　　致谢辰生　3通

11　　致涂宗涛　14通

18　　致陈伯良　10通

24　　致罗友松、吴格　2通

26　　致胡述兆　1通

27　　致叶亚廉　12通

37　　致何晓云　2通

38　　致王汝丰　1通

39　　致陈明猷　5通

42　　致章志诚　1通

43　　致林衍经　2通

45　　致吴云　9通

50	致谢国祥	1通
51	致范凤书	2通
53	致朱正	4通
56	致来新阳、杨英彦	7通
62	致来新铭	3通
64	致周金冠	5通
67	致陈智超	2通
69	致刘宪康	2通
71	致赵传仁	4通
74	致李兴盛	10通
79	致童本道	1通
80	致金恩辉	1通
81	致龚绶	2通
83	致张树勇	2通
84	致陆继权	1通
85	致崔文印	41通
109	致施宣圆	6通
113	致李全祥	2通
114	致杨东梁	1通
115	致申建国、宗琳	1通
117	致常海成	1通
118	致梁滨久	2通
119	致居蜜	4通
124	致柴剑虹	8通
128	致张梦阳	1通

129	致虞信棠	12通
137	致冀有贵	17通
147	致李维松	3通
149	致李忠智	6通
153	致陆子康	2通
155	致董国和	1通
156	致俞尚曦	1通
157	致潘友林	8通
161	致陈志根	3通
163	致张新民	1通
164	致谭宗远	6通
168	致周轩	1通
169	致袁逸	6通
172	致王世伟	2通
174	致韩小蕙	61通
218	致罗雪村	2通
220	致自牧	10通
226	致李辉	2通
228	致朱则杰	6通
232	致来明骏	1通
233	致张殿成	1通
234	致曾主陶	2通
236	致韦泱	2通
238	致王余光、钱婉约	3通
241	致方晨光	2通

242	致张继红	12 通
250	致来勇	8 通
256	致苏品红	1 通
257	致陈万卿	2 通
259	致褚树青	2 通
261	致杜泽逊	4 通
264	致徐雁	4 通
267	致茅林立	11 通
274	致沈迪云	5 通
277	致赵任飞	1 通
278	致宁敬立	2 通
280	致胡传淮	1 通
281	致阿滢	4 通
283	致吴眉眉	10 通
289	致罗文华	3 通
291	致萧跃华	3 通
293	致徐明祥	6 通
297	致莫艳梅	2 通
299	致董宁文	6 通
302	致赵万新	1 通
303	致吕晓东	1 通
304	致姜晓铭	1 通
305	致马忠文	1 通
306	致祝勇	3 通
309	致孙伟良	1 通

310	致励双杰	2通
312	致申屠勇剑	1通
313	致许隽超	5通
316	致智如	1通
318	致孙喆	1通
319	致邓骏捷	7通
323	致王金魁	4通
326	致金峰、张凤妹	5通
329	致王振良	1通
330	致高立志	1通
331	致吴文康	1通
332	致朱自奋	10通
337	致李庆英	1通
338	致汪志华	3通
340	致荆时光	6通
345	致眉睫	1通
347	致廉长江	1通
348	致小庄	1通
349	致杭州市萧山区党委、萧山区政府	1通
350	致杭州市萧山区志办	1通
351	致《书品》编辑部	1通
352	致原旅津广东中学	1通

353　　编后记

致顾廷龙 1通

顾廷龙（1904—1998），江苏苏州人，上海图书馆馆长。

顾老：

您好！

前奉一函并拙稿《古典目录学》油印稿，敬请指正并惠写序言，想邀鉴及。现此稿已于日前通过审稿，略加修订，将于十月中旬交付中华书局，时间紧迫，遂再渎清听，务恳尽早赐下。又在津晤哥伦比亚大学中文图书馆安芳湄女士，言拟聘您去美（安已于23日由津去沪），指导鉴别工作，故更祈能于行前成序见寄，不胜企翘之至。肃陈，敬请

秋安

后学 来新夏拜上
八八、九、二六

南开大学

顾老：

您好！

前承一正希挫稿《古典目录学》油印稿，敬请指正并惠写序言垂邀

鉴及，现此稿已于日前通过审稿，略加修订将于十月中旬交付中华书局，时间紧迫谨再恭请听赐惠。

昨早接下X在津略奇备此亚大学中X图书馆安芳滑女士言抑聘

结去荄（安已于23日由津去沪）指导鉴别工作故更祈赐于行前成序

兄事不胜企望之至。耑陈敬请

秋安

后学

来新夏拜上

八八，九，二六

1988年9月26日致顾廷龙信

致傅振伦 1通

傅振伦（1906—1999），直隶新河（今属河北）人，国家博物馆研究馆员。

傅老：

久疏问候，至祈宥察，想近况佳胜，尊体康泰为颂。夏于去秋赴日讲学，有日本学者拟合中日地方志方面学者代表性论文编为一集，并委托夏为中方负责人。①敬惟先生为方志界前辈，学识湛深，论著尤夥，特此函恳请先生从已著（发表）论文中选一代表作，方志理论性较强，文字在万字左右而为中日学者能有共识者，如能有中日方志比较研究之作更佳。专此奉达。
敬请
著安

后学 来新夏拜上
8.26（1992）

复函请寄舍间：天津南开大学北村新（12）楼301号，300071。

---

① 该集后以《中日地方史志比较研究》为名由南开大学出版社于1996年1月出版，来新夏、齐藤博主编。

致荣孟源 1通

荣孟源（1913—1985），直隶宁津（今属山东）人，中国科学院近代史研究所研究员，中国现代史学会副会长。

孟源兄：

张树勇同志来舍谈及近况，前在京相晤时所答各点经考虑奉复如次：

（1）关于北洋军阀参考书目录问题，既承相委，弟拟承担，如何进行尚请明示。

（2）北洋汇编，弟也可承担一种。

另外还有一事奉告。日前，大辞典送来一部分辞目，请弟审读一下，并说因弟与兄较熟，所以未向兄先打招呼，而就近由弟审读一下，弟则以必须向兄告明。特闻。祗颂

著祺

弟 来新夏
80.4.14

致孙思白 1通

孙思白（1913—2002），山东章丘（今属历城）人，中国社会科学院近代史研究所研究员，中国现代史学会副会长。

思白老兄：

您好！

四五月间因离退休问题（全校离退160人，超限缓期一年者十三人，弟又得上峰青睐，列缓退榜首，于是成为攀比对象）人事烦扰，遂去珠海（唐绍仪研讨会本不拟去，如此则有一借口）、深圳流窜，又去山东济南、青州等地布地方志之道，五月初归来，[①]至今仍在忙碌，不知何时方得安宁。

在珠海遇到则民，征求我的意见，我表示过八月份有可能闲点，但应请老兄最后拍板。今接手书，藉悉贵体欠安，十分挂念。医治必须积极，但淡然处之也未始无好处，六七十年各种滋味都已备尝，区区二竖，其奈我何！弟素抱既来则安态度，近来胸疼明显，但至今犹我一人知道。敬劝老兄万勿以此为负担，有点唯心主义也是一种安慰。弟以近花甲之年得识宽厚长者如吾兄者，亦人生一大幸事，又得共成一代史事，尤为大幸。所恨弟人海浮沉，羁身红尘，未遑多所聚首晤谈为快，现已立志明年定不再受缓刑之命，闲云野鹤，求得自存，届时或能促膝抵掌，挑灯夜话古今沧桑，亦人间一大乐事。弟数十年坎坷曲折，历尝艰辛而犹能柳暗花明者，以万事无动于衷，以静制动。寒斋悬一幅曰："能受天磨真英雄，不遭人忌是庸才。"虽不免

[①] 以下有删节。

有阿 Q 味道，但亦不失为自嘲自慰之道。

　　书稿一事，似难似不难，书成众手而求达其顶峰自然难度颇大，但有雏型可雕，指非点金，但化腐为奇尚不难办。弟既兄同上"贼船"，风雨共济何分彼此，有粗疏写意之笔，方显精雕细刻之妙，即使有一二败笔，则其它更显神采。统稿之际，弟定效命，惟祈兄一切放宽，俾你我老弟兄共庆百年之寿，为人瑞增一佳话，岂不快哉！耑此奉复。祗请

俪安

弟　新夏
89.5.28

静宜亦拜读大札，甚不放心，我已为之讲解，特附笔请安。又及。

致龚望　1通

龚望（1914—2001），天津人，天津市文史研究馆馆员，书法家。

龚望先生惠鉴：

　　三湘归来获读惠函，迟复为歉。
　　所示梅君年谱抄本一事，希抽暇于十日前（我十一日赴京开会）惠临面商如何？耑复，祗颂
撰祺
来新夏
6.3（1990）

致左开一　1通

左开一（1922—2006），湖南湘阴人，湖南省志编纂委员会办公室主任，中国地方志协会副秘书长。

老左：

我于十五日到沪转福州，为《方志学概论》定稿，现考虑在书后附一地方志编纂经验示例（省、市、县各一）。市志已专函文尧兄速办。省志一篇，记得贵省已有一篇现成，在《山东史志通讯》上看过，你省《通讯》上也登过，但我手头未带此材料。我感到那一篇写得很好，即请吾兄检出订正后于月底前寄到：

福建福州福建人民出版社文史组，李瑞良同志转来新夏。

事出急促，务请支持，速寄。耑此

著祺

弟　来新夏
11.16（1982）

致谢辰生　3通

谢辰生（1922—2022），江苏武进人，原文化部文物事业管理局顾问，文物保护专家。

1

辰生师叔：

您好！

六十年相违，一旦得见，乐何如之，回忆上世纪四十年代，虽恍在眼前，物非人非，难得旧观，少年时情景尤足回味。

我与戌生师①，谊属师生而契洽之深非比寻常。前者谢刚送来遗墨，敬谨珍藏。而戌生先生教诲之益，至今犹得泽惠。与您幸会，均臻高年，犹能亲履会议，亦可告慰于戌生师矣。

照片一帧，贱内所摄，略备纪念。专此敬颂

冬祺

晚　来新夏拜上
2008年冬至

---

① 指谢辰生兄长、河北大学中文系教授谢国捷（字戌生），来新夏高中时曾得其指点，并撰写了第一篇史学论文《汉唐改元释例》。

2

辰生世叔：

　　您好！

　　前者有李经国先生致电话舍下，言为世叔编书信集，邀我写点文字，我当即应允。为求确实，曾请其将内容大要见告，并复印几件信函（有内容者）来以便着笔，但无回音。后烦中华书局柴剑虹先生就近敦促，迄无信息，未悉何故，恐有误大事，特函请赐知为荷。专此，顺颂

新春好

晚　来新夏拜
2010.1.7

3

辰生世叔：

　　您好！

　　穆森君来舍，带来惠赐之书札集，拜领之余惜未获赐签，日后得便将托人带去补签。

　　书札集编次有序，并加注释，甚便读者。所收内容皆有关国脉之大事，非徒友朋致意，当可作文物保护之专著读。新夏所作粗陋不堪，辱承采录，不胜惶恐。专陈，敬颂

秋祺

来新夏
2010.9.9

　　随函附呈近作《谈书》①一册，请指正。

---

① 指《来新夏谈书》，南开大学出版社，2010 年 8 月初版。

致涂宗涛　14 通

涂宗涛（1925—2018），四川巴县（今重庆市巴南区）人，天津社会科学院历史研究所研究员。

1

涂公：
　　顷收到研究会秘座复函，奉上祈过目。在京晤施丁同志，已志拨款三千；又晤下公，言不妨以此三千自印条目，既可飨撰者又可报销，并拟上书张老。耑达，祗颂
著祺

来新夏合十
八、二三（20 世纪 80 年代初）

2

涂公：
　　调动事，今日与人事部门、校长共同会议，已确定调入，并发商调函，日内即可发往，请兄注意随时向人事部门了解动向，以便接触，更不要人事部门不知顶回，如尚有不明处可面询。即致
敬礼

来新夏
1.11（1984）

3

涂公：

来函奉读。

文献检索一课，教育部曾向各校发过文件，但我系不掌握，请刘迓向其校教务处索看。

大作为他刊转载，正足说明学刊之内容已引起注意，正当以此为荣。

我依然忙碌，颇有老骥出枥之感，匆复祈谅。祇颂

俪祺

来新夏
3.22（1986）

4

宗涛老兄：

近况想当佳胜。

春节将至，整理文稿，有一记录，弟曾为我兄写过一篇《苹楼一隅藏书题记》的读后题识，但已无底稿，后又检得我兄来函一件，对拙文有"堪称佳作"评语，更使我有再读一遍的自我陶醉。为此，请兄将拙文复印一份赐还，以便入私集中，俾后人考证来、涂交谊之需。

今年已应教委下颁计划之命，改订增修拙作《古典目录学》一书，对清代部分我兄前曾指教应有所扩充，弟当照办。其他高明之见，至祈便中见示为幸。此颂

俪祺，并祝

春釐

弟 来新夏
88.2.10

5

宗涛老兄：

今日（23）收到 20 日赐函，至承指正，实有疏忽，谢谢。

我校四五月间大批人员一刀切下，弟望七之年要求休致，而复被挽留。退者 150 人左右，留者十余人，而弟居留者榜首，目标之大可以想见。"来某可不退，我为何需退"，人事纷扰实感疲劳。为摆脱无谓闲气，遂于四五月间（4 月 10 日离津，5 月 17 日返校）借故去广州、珠海、深圳、山东青州、济南等地盲流，心情颇舒畅，似脱缰之马，信意往来，信口开河。回来后检阅案头，信件散落，其中未读尊函，致使吾兄企待，实为抱歉。既已委托德恒，想能办理，但目前百事停顿，上下无心，即德恒等也奔走呼号，忧国忧民，弟则统率三军（三处单位），事事要求承担责任、表明态度，真正难煞人也。于此深悔四五月间之不飘然林下，受上峰器重甜言之误，总之凡夫俗子难脱红尘，过河卒子又何怨尤。知我者涂，一倾积愫。顺颂

著祺

弟 来新夏
5.23（1989）

6

宗涛兄：

来信收悉。

我九月份去香港，十月份国庆校庆新馆落成，十一月初党校学习，一直到近日始稍松气，真是无可奈何。兄当笑其不自量力，炉火之上，只得拼命。

贱躯已大不如前，心律不齐，常有心悸，时服救心丹缓解，明年当求退（今年不准，挽留一年）。

□□□推荐信事，一般均由本人写好，推荐者签名而已，我对出国深

造一事，深有异议，中国之大何处不可学，中国学问之深何学不可学，为何趋洋若鹜，诚所不解。尤其澳大利亚之国牟利而已，有何可学？抑借留学之名，谋寄籍之实，君子不取。故我不太情愿写，实在拒之不得，虚应故事。吾兄过于真诚而疏于世情，尚祈恕我直言。

尊著拜读后当奉告感想。

专复，祗颂

俪安

弟　来新夏
89.11.17

7

宗涛老兄：

春节好。

历年讲授传统文献整理技能，片纸寸笺，串而成文，共得十论，去冬以来，整理钞清。原有八论已装成一册，所附二论系追加以凑十论者，故为散叶。仰兄高才，特送呈审正，并祈动笔在稿上勾划。专此奉恳。祗颂

近佳

来新夏拜上
九〇年元月二十三日

8

宗涛老兄：

德恒回报吾兄允为审读拙稿，至感。

南开图书馆馆长一职已于年前卸任，想当为兄所乐闻。

据德恒云，弟被滥入荷兰某辞典。语焉不详，请告。如手头有书，请复印寄下为荷。此致

敬礼

新夏
90.2.9

9

涂公：

来函并复印件拜领。前次德恒来讲词典事，因我公蜀音，致伊告知已列荷兰辞书，实则"河南"音讹，一笑。

《目录学家辞典》主编申畅素未谋面，原拟请我为序，我曾婉拒。申过去写过一本《目录家传略》，首孔子，而以弟殿后，所幸与圣人共成首尾；所作粗疏多误，《辞典》误处不少，即弟之毕业年限也误1946为1949，弟无辜被罚晚一科，只好听之而已，不过还不需要用钱买名。

近日休致在家，重理旧业，一月之间成《清人笔记随录》稿二万余字，差胜按班点卯而已。拙稿拜请吾兄审读。若我公玉体欠佳，则请粗过一番，务请不要转托他人，弟心折唯公而已，他人不敢干求，免遭张扬之嫌。即颂
春祺

弟 新夏
90.2.24

10

宗涛兄：

来函收到。先祖著作承予评价，甚感。若能著文刊出，更当泥首。近日忙于寒舍迁移之事，劳心费力，日前已大致就绪，而贱躯已毫无力气。廉颇老矣，难以强作少年，可慨也夫！新址是"北村新10楼（老5楼）二门三楼16号"，位置在原住八楼南前一大屋顶旧楼，离马路第一门洞三楼。

居室尚宽敞，共有四室，恐将终老于斯矣，设有闲暇，望能一顾新居

为幸。

专复，祗颂

著祺

弟 来新夏
93.8.24

11

涂兄：

暑日甚苦，未知如何度过？

前者受天津科技馆委托，为写碑文一篇。迁延时日，一再催促，勉力成文，深恐贻笑方家。吾兄大手笔，素所景仰，不揣烦琐，特将初稿呈政，至祈刀斫斧削。下周拟开会讨论"幼学文库"，定稿时请赐下。

"幼学文库"已完成，《杂字》一种退修，《百家姓》正等外埠一抄件，其余已由弟稍作加工，交出版社。封面设计已完，而版式如何等均需讨论。俟时间确定，再行奉告，总不出下周。专陈，敬颂

暑安

弟 新夏拜
8.20（1994）

12

涂兄：

日前与小元通话，借悉政躬违和，想已早占勿药为祷。"幼学文库"一书已付排，但排版困难甚大，排了各种样式供挑选，附去一张。请放心，此书必不落空。

书前总序已写好，谢谢提供素材。文字尚欠活泼，内容是否尚有可补者，送上一份，即请在稿面修改，尽早赐还，以便集中修改定稿。

专达，祗颂

著祺

弟 来新夏
12.3（1994）

13

涂公：

先室辞世，辱承电唁，呈上致谢函，以申下悃。

前应大悲院之请为撰碑记，近已成稿，送请审正，务祈指教，于典实、音调、文字诸方面赐予订正，不胜感荷。

近好

新夏
29日（2003年10月）

14

涂公：

送上三件：

（1）拙稿《怀穆旦》已打印好，请转交。如发表时需附作者身份，则仅署"南开大学教授"即可矣。

（2）拙作《书文化的传承》是写给大中学生课外阅读的，不足寓大雅之目，谨请指正。

（3）拙荆焦静宜集多年成果成《星点集》一书，一并奉上，请指正。

收到请电话告知。

来新夏
2006.6.27

致陈伯良　10通

陈伯良（1925—2012），浙江海宁人，海宁市政协文史委副主任。

1

伯良先生文席：

大札及尊著均收到，谢谢！

先祖曾在海宁任教，我儿时即听言及，而今复得先生阐扬，存殁均感盛德，谨奉赠先祖著作《汉文典》与《匏园诗集》二种①（均由我自费出版），拙作《林则徐年谱新编》为应香港回归之需重编，也奉赠一册，并请指正。

印谱已拜阅，铁笔工力，可称佳品，乡居名士，自有风范。

阁下与不佞年岁相当，而谦署"晚"字，不胜惶恐，尚望今后略去为请。专复，祇颂

撰安

来新夏
97.10.25

如有赐教，可按名片地址寄舍间。

---

① 指来裕恂《〈汉文典〉注释》，南开大学出版社，1993年2月初版；来裕恂《匏园诗集》，天津古籍出版社，1996年12月初版。

2

伯良先生：

　　来函奉到，承奖饰甚感。先祖诗集以史事为主，乃其特色。如海宁中学需有关校史资料，当可奉赠。今后如辑海宁中学资料，望能有所采择。

　　尊闻住院疗疾，定当早卜勿药，尚祈吾兄不要过分操劳为祷。

　　阁下铁笔绝艺已见印谱，蒙询书斋名及要求拟为治印，欣喜莫名。寒舍书斋早经先祖命名为"邃谷"二字，示"旧学商量加邃密"与"虚怀若谷"之意，以抑制我之虚骄，亦老人之苦心。如蒙赐印，无甚要求，但凭阁下裁定。专此，祗颂

著安

弟　来新夏
97.11.16

3

伯良先生：

　　惠书三册均已拜领，特致谢意。

　　刻章水平甚高，往来友人多赞布局刀法，日后如有所需，定当干求。唯石料必由自备，万不敢再领厚贶。

　　近来天气转暖，嫂夫人身体想当康复。顺颂

春祺

来新夏
98.3.14

4

伯良先生：

　　您好！

　　大函并印章二方均拜领，谢谢！屡承赐篆，愧不敢当，而铁笔勾划，实臻妙境，尤以肖像章别出心裁，左右同仁争相拓印以作纪念，专此奉闻。顺颂

冬祺

来新夏拜上
2002.12.4

5

伯良兄：

　　你好！前嘱了解查良铮档案，因正当暑期闭馆休假，难以应命。近已开学，已由该馆将能公开之材料复印送来。表格均为穆旦亲笔填写，可以征信，落实文件亦关其结局，查氏第二子来津为父母合葬，亦由我处复印一份带走，曾谈及你撰传一事，现将此材料寄去，不知有用否。专颂

秋祺

来新夏
9.11（2003）

6

伯良兄：

　　惠联早经奉领，并已装裱悬挂，殊深感荷。原拟十二月初旬去嘉兴祝贺百年时再赴海宁，当谋一晤，后匆忙未能成行，以致稽延未复，至歉！

　　《津图学刊》于年底停刊，我也卸任。以后来函请径寄舍间，附上名片

（我家未搬，只是在原号前加一3字，成318而已）。祝

冬祺

来新夏
04.12.23

我自12月初至杭嘉湖等地开会讲学，历时近一月，21日始到津。附及。

7

伯良兄：

你好！

虞坤林君寄来《徐志摩未刊日记》一种，请我评论。我已为写一书评，已交上海《文汇报》。另复印一份，请虞君存查，但不知其具体地址，请转交为荷。劳神之处，谢谢！顺祝

春节好

来新夏
05.1.25

8

伯良先生：

春节前夕，拙著问世，即拟呈正，已签鄙名而遍查尊址未得。今获赐札，喜获详址，不胜欣悦。命题尊著，实感不堪。弟素不善书，近来又患目疾，下月拟动刀（白内障），字更难成形（视此函可知）。惟与尊兄谊切乡情，碍难却谢，乃于足光灯下勉力题签，不自量力，当诒方家一哂。如实难入目，即请弃之可也。专颂

春祺

来新夏
2.26（2005）

海寧文史備考

来新夏

2005年2月26日致陈伯良信所附题签

9

伯良先生：

　　来函奉悉，此次会议辱承惠临，谢谢。所嘱为《海宁纪事诗》题签，献丑奉上。

　　赐函多署"晚"字，实不敢当。我等同辈弟兄，如此署款，万万不可。谨璧"晚"字，并祈日后万勿再署，俾弟得心安。专复，祗颂

春祺

来新夏
08.4.2

10

伯良兄：

　　你好！所属为尊作写序一事，当即遵办，并于7月27日以特快专递奉上，未获见复。8月13日以电话相询，尚未收到，令人诧异。已向该公司查询。为免贻误，特再以挂号寄上一份，务请查收。如收到，尚请见告。专此，顺颂

近佳

来新夏
8.14（2011）

致罗友松、吴格 2通

罗友松（1926—2005），江苏南京人，华东师范大学图书馆学情报学系副主任，中国索引学会副理事长。

吴格（1952—　），浙江义乌人，复旦大学中华古籍保护研究院研究员。

1

友松、吴格同志：

来信均奉悉，遥祝新春佳胜为慰为祷。

《清人目录考略》[①]体例可按吴格意见办，并请拟一体例，我将于近日将书目选出，寄请审正，一致以后，再分担任务，克期完成。友松同志仍祈屈尊赞襄，以利工作。耑复，祗颂

教祺

来新夏
2.24（20世纪80年代末）

又，吴格弟题跋稿已否完成，能见告详情否？《津图学刊》甚望赐稿。

---

　①　该书稿后以《清代目录提要》为题，由齐鲁书社于1997年1月出版。来新夏为主编，罗友松为副主编之一。吴格后因单位调动，忙于工作，向来先生请辞书稿的编撰任务。

2

罗公：

　　来函并沈达伟女士所写知见录稿早经收到，我因方从台湾归来，疲惫不堪，又加消化道感冒腹泻，至今稍可，捉笔犹颤，迟复为歉。人至老年，已难逞强。

　　《目录提要》一稿，齐鲁已列入明年出版计划。近又补写序言及凡例寄去，看来出版有望。清代部分告成，清前及民国部分理当补编，但弟精力已有所不逮，当俟来贤。

　　冯勤同志处望陆续寄下，沈君所云四种，顾、黄学谱过去曾摒而未录，现尚在考虑之中，书亦易得，可暂不撰写，后二种即请沈女士撰写。

　　专复，祇颂

冬祺

弟　来新夏
93.12.14

致胡述兆 1通

胡述兆（1926— ），江西新余人，中国台湾大学图书馆学系暨图书馆学研究所教授。

　　尊著《回忆录》已拜领，远方关注，至感欣慰，拜读之间，又蒙再次述及不佞，不禁有附骥之愉悦。

　　先生之学思行，不仅记个人一生，亦垂教于后学，更为学林增辉，不胜钦敬。不佞碌碌，无足称述，但80年风雨亦尚有可记，顷已动笔回忆一生，题作《一蓑烟雨任平生》，拟置于大背景下写个人，以迎90贱辰。知关谨注，特此奉闻。①

---

　　① 此函采自胡述兆教授八秩荣庆筹备委员会主编《我们所认识的胡述兆教授》，台北册府出版有限公司2007年出版，因未睹信函原貌，故缺前后款。《我的学思行——胡述兆教授回忆录》出版于2004年3月，此函当作于2005年前后。

致叶亚廉　12通

叶亚廉（1926—　），四川泸州人，上海人民出版社副总编辑，编审。

1

亚廉兄：

　　申江握别，行将兼旬，想近况佳胜为祷。《北洋》书款尚未收到，不知是否邮路滞阻，至祈查询。又拙作《林则徐年谱》精装本[①]屡承惠诺主催，然亦至今未见寄到，已不敢再渎，祇以二月中旬有美国奥本尼大学图书学院代表来校签约，由弟奉命主接待，赠礼中有此书，故再冒昧陈请，即使先购一二十册以应急需，想不我拒也。屡有烦请，叨在至好，当蒙亮察。专达，并候赐福，顺颂

著祺

来新夏
1.26（1986）

2

亚廉同志：

　　你好！

[①] 指来新夏《林则徐年谱》增订本，上海人民出版社，1985年7月再版。责任编辑王有为，后续信中亦有提及。

北洋资料正积极进行，本年内可望交出二本，请放心。①

《林则徐年谱》精装本已距出版日期八个月，前称春节后即办，但一直无确讯。我四月间有可能访日，极需此书作礼品，所以冒昧恳请支持解决，于本月内寄到。

前函有为兄请其设法，他在社内部门间可能权威性不够，因此将不该麻烦你的事打扰，祈见谅为幸。

此致

敬礼

来新夏
3.7（1986）

3

亚廉同志：

来信收到。催促精装本甚劳清神，至深感荷。此书延迟日久，实出无奈，望见谅。邮路有碍，或可从火车快件一途，即托有车票者托运，此或机会难得，另有慢件二三星期可到。我在津站有人，不致积压。但火车野蛮装卸也非常可怕。航寄是否有可能？

另一可能办法是分二路，先由邮局寄三十本，另留二十本在尊处，有便人去沪托带回。

总之，一切拜托，想在沪定能设法解决，发出后请告详情，以便接应。

即颂

著祺

来新夏
3.29（1986）

---

① 所言即来新夏主编《北洋军阀》，收入"中国近代史资料丛刊"，1988 年至 1993 年，上海人民出版社分五册陆续出版。责任编辑徐跃，后续信中多有提及。

4

亚廉同志：

你好！

前曾由有为转赠拙作《天津近代史》[①]，未知收到否。

我于月前曾托郝同志带去《中国古代图书事业史》修订稿油印本给有为，未收到回信。

我曾先后两次寄信给有为，其中有关于北洋资料事，也一直无回信。

因此，甚不放心，不知是有为生病还是出差，望速见告。

北洋资料正在积极进行，一、六二册已基本完成，正在复核，拟五月下旬亲自送往上海。北京之书据知也五月交重庆，所以我也很着急。稿到即望速处理，争取先出一、二册。其他各册九月份交齐，请放心。

我五月二十四五日至沪。

敬礼

来新夏

87.5.8

5

亚廉同志：

总编室238号复函收悉，奉答如次：

（一）所提出标点分段诸端，确有疏忽之处，给责编带来烦重工作量，深表歉意，今后定当努力减少差误。

（二）不清楚影印图片，请告知名称，因我处无底稿。

（三）第六册已完，再复查一下，等便人带去。

（四）三、四两册也已交来初稿，我抽时间审读。

---

① 来新夏主编《天津近代史》，南开大学出版社，1987年3月初版。

（五）二册在等一部分《玛里逊书信》的译稿。

（六）第五册我已进行一半。

（七）各册估计十月份可大体完成。十月上旬去宁参加民国史会时，当先去沪面商一切（包括在津联系出版问题）。

我暑假应各处邀请，到各种讲习班讲课，席不暇暖。今晨由青岛回津，见信即复。明晨飞兰州，开图书馆学辞典定稿会。此复，即致

敬礼

来新夏
7.23（1987）

问徐跃好。

6

亚廉、徐跃同志：

在津盘桓，实因我忙于校务，未获多所倾谈，歉甚。想已顺利回归。

《北洋》前言部分已按规定修正誊清，现复印寄上一份。

第一册后二种请抓紧审读，又该册参考书目拟十二月上旬老伴专程送沪。发稿单及发稿日期请告。

第三册尚缺"西原借款"资料并书目，再第三册虽粗审一遍，但均未划格式，即请顺便带沪。如初审中徐跃同志随手代办则感甚，否则可在送回时由我们标出，以后几点决不疏漏，请原谅。

《中国古代图书事业史》稿正在抄贴，清稿拟十二月上旬（或中旬）送沪，请亚廉兄派胡小静同志与维铮联系一下为幸。①

今晚即去南京，二十四日返。

来新夏
11.19（1987）

---

① 该稿后作为"中国文化史丛书"之一种，由上海人民出版社于1990年4月出版，朱维铮为丛书编辑委员会编委之一。

7

亚廉兄：

在申匆匆话别，未获倾谈，憾甚！

"文化史丛书"招待会效果当佳，弟《图书史》稿已面交维铮，据说伊对文稿尚感满意，并拟近期交付出版，未知确否，尚希关注为请。

北洋资料协议已收到，但拨款一直未到，以致年前也未能抢购纸张存库，是否可催一下。

第一册照片已收集，不知是否需寄申一审，但担心仅一份（得来也殊不易），如失则为难，不知可否由弟全权排定，请告能容几页。又，《二鸦》每册附书目，对《北洋》似难适用，因有些书是贯全过程，很难割置于某册。弟意书目仍集中第五册，其利是一则便于一处翻检，二则五册纯为工具专册，三则各册分量不至过重。以上二点请见告。

第一册近期可望发排，已在作版式设计，郭老题字复制件请速寄，备扉页用。

款速拨。

弟 来新夏
1.10（1988）

8

亚廉兄：

十月间在沪，值吾兄在皖未归，仅与徐跃一晤，怅怅！

《北洋军阀》第一册样本亲送上海，而未能亲聆教言，实感不足。徐跃曾见一面，对第三册提出审稿意见，我亲自带回，正在修订中。竣事后当专差送上。

第一册有关问题，包括发书及经济等问题，徐跃面允请示，后仍未见答。前不久，因书是否即发问题曾电询，至今周余也未得复，真不知何故。

第二册一校样已在校。

第三册往返一次，估计当在明年初发稿。

书信往还稽延时日，我往往及时报告，而复知却久候不至，甚望能再重申，以利工作。

为了共同完成任务，愿更好合作。

敬礼

来新夏
11.11（1988）

9

亚廉兄：

春节前派专人去沪拜见，值吾兄公出苏州，未晤为憾。北洋资料此间按程序进行，甚望能加强联系。拙著《历史文献整理散论》曾蒙首肯，后据伯涵兄见告，已处理后呈交吾兄批发，时已经年，未悉近况如何，希能见复为幸。

嵩达，祗颂

著祺

来新夏
89.2.27

10

亚廉老兄：

数次附函未蒙见复，怅何如之。现不能不一诉衷情于老兄，尚望俯察，并乞转他人，以求妥善处理。

《北洋军阀》丛刊一书本系吾兄在为补全整套丛书，而原编者又因故表示不愿承担情况下，亲莅津门与弟面商进行办法，弟因与贵社并老兄等交往多年，交谊弥笃，乃排除顾虑，毅然于公私猬集之际接受任务，其后又以沪地印刷迟滞再次商洽，弟又为顾全交谊并愿早为学林便利，不惜运用影响，请津地厂家额外承担三百余万字重担，画版校对也自动承担，在短时间内即出一巨册，出版质量也蒙首肯。其间为保证书稿安全，不惜出资派人亲送，先后达三次，一切编辑应行处理事务也多代办，所述各端本非弟分内义务，但为求成事，不求有功，仅求无过，只祈贵社同仁能感满意或予理解。孰意年来所得并非如此。弟年近古稀，向承贵社厚待，从无冷言冷语，不意为此事多所效劳，反遭指摘，于往返信件及言语办事之间多有不甚惬意之处。3月间，徐君一函尤使弟深感难堪（原函复印呈上），现摘数例陈明，俾供参考：

（一）弟对委托北洋资料一事极为慎重，遇事必函商，有数次曾致函吾兄，想能忆及。但经常未能及时获复（急不可待时，曾拍发过电报），于是曾建议加强联系，而徐君函中竟称"以后看来要编个号了"。我想我总不致老悖到有信而自寻烦恼，谎称无信而滥发函电？即使如此，也不致要求友朋间通信都要"编个号了"吧。果真如此，已失去彼此信赖基础了。

（二）第一册排好后，弟曾亲自带沪面交清样，当时兄在场。其中署主编与编辑虽同为弟一人，但因职责不同，所以主张一署主编，再署编辑，并与以次各册由二人分任的体例相统一。此点当时弟即有所声明，除此点似有违背外，其它均按贵社审定稿付印，样书送去也已表示满意。不意时隔半年，而徐君三月间函中竟称："第一册未按我社校样处理，这在我社是很少见的，有关同志很有意见。"我真不知错在何处，也不知究竟触犯了贵社哪项条令，致使"有关同志很有意见"，更不知此有关同志是谁，竟然生气到"很有意见"，不可饶恕我的地步了。弟与贵社并诸友好（包括老兄、有为、伯涵诸位）交往十年，纵使弟有些不周之处，彼此通通气，或说说情况，也就解决了，从未达到"很少见""很有意见"的程度，真使人难解。

（三）第三册审稿贵社由邮寄回，我因等了近半个月未见寄到，心急如焚，可能催促过分，引起徐君不快，以致对我表示"十分遗憾"。

（四）第三册的编者确有疏忽之处，我也失于全面检查。此本可指明改订（也是出版界惯事），但指摘很利害，所以我去年十月赴沪时即拟虚心听取意见修订，于到沪当日即与贵社联系，本希望能请派车到社一谈（历次到沪均蒙给以用车方便），不意表示难以提供。我以耄耋之年已难由五角场挤车到社，最后再三电话联系，始由徐君将稿送来。我面聆教益，毫不分辨，并亲自将稿提回天津，抓紧修改，于寒假时派专人专程送沪。

（五）关于第一册的稿费问题，我早就开列明细账单寄上。徐君在其最后一封信中说："我接到单子后，是马上办了，现正在结算之中，分二笔结算。"此说一则不知为何要二笔结算，所指为何；二则此信 3 月 15 日发，至今近三个月毫无信息，有些部门作者问我，我也无言相对，也无信件向我说明，我也不便再问。

（六）我收到徐君最后一封信中，要求我将第二册内封、版权、说明等页寄去签字。我遵照办理，现随函寄去，请转交速签寄回，以便付印。自 3 月 15 日函后，无寸纸只字给我，我也不愿通信惹人厌烦，所以只好寄你转交。

鉴于上述这些使人感到不甚愉快的事，我想前三册既已如此，我当力促其成，至于第四、五两册，一则我只是编者，将稿编好即无责任，不必再承担其它；二则为避免引起彼此烦恼，拟提出两点建议：

① 我将四、五两册尽力编好，即派专人送贵社，由你们审定签发，在沪设法付印，既免我不遵照而擅自主张，也免我求人（求校对，求厂家）。原与吾兄商定，稿审定后即由弟在津签发，现在既需送签又怕我自作主张，往返之间实感繁复。

② 如你们在沪付印确有困难，我为顾全多年交谊，仍可效劳，但请贵社派人到津审定签发。因邮寄甚不放心，往返取送实在麻烦，万一中途遗失，无法补偿，再则也节省我的开支，每次送稿都是我付旅费。

我写这封信主要是考虑到与吾兄有十年交谊，无话不谈，所以一吐年来的郁结，但希望千万毋与他人（包括徐君）阅读和谈及，以免有损彼此。只祈吾兄从中缓解，使这套书早日成书问世，了一心愿。我一生不怕议论，不怕挨骂，有话便说，可能会得罪一些人（包括老兄在内），那就祈求谅其老悖，如无法斡旋，只求明示，我也会忍辱曲全以完成，请吾兄放心。

《历史文献整理散论》书稿，据伯涵说早已处理送审，迄无音信。如有困难，即请掷还，弟尚可藏之名山，否则存档日久散失，则敝帚自珍之感益深。

附致徐君短笺及所需各页请转交，并督促尽早寄回，以便付印。专此，
祇颂
著祺

弟 来新夏
（1989.6.14）

附徐君3月15日来函复印件。

11

亚廉同志：

暑热将去，想当顺适。

北洋资料第六册已由焦静宜同志寄出，或已收阅。第一册当已审定。

十月上旬，我去南京出席民国史会，先去上海一谈资料出版问题，并将带去二、三册。

《中国古代图书事业史》稿前告八月份见告意见，瞬即到期，望赐知意见（责编与朱维铮兄意见），以便抓紧修改交出。此稿已拖多年，不知你处排队有何困难。

此致
敬礼

来新夏
89.8.27

12

亚廉兄：

　　来函收到，近况佳胜，至以为慰。我已大不如前，去冬自访台归来，一直患病，至今始见好，人老了，终究不中用了。

　　关于上海林维和一事，我不认识此人，近况如何无从知道。拙著所收林则徐印章拓本系福建林子东（林氏五世孙）所提供，林子东地址是：

福建福州五一路建华新村 *****

邮编：350011

　　请径与联系为幸。专颂

近佳

来新夏

99.3.29

致何晓云 2通

何晓云（1927—2015），浙江海宁人，海宁中学供职，文史学者陈伯良先生夫人。

1

陈嫂晓云夫人：

来函早经收到，因迟迟未能写就悼念文字致迟复为歉！兹已撰就，深感夫人见告伯良义行，不禁潸然。附文一篇，尚祈存念。专奉，顺致

春绥

九十叟 萧山来新夏拜上
三月五日（2013）

2

陈嫂何夫人：

来信收到。

征文不能收入文集，早在意中，我想□□□没有这样胆识。我气愤不平，已在报上正式发表此文，寄您保存，亦算我无负伯良的情意。

您的身体应多加珍重！

我已过九十岁，所幸还不糊涂，我有生之年要用笔写那些丑恶。祝

你好

来新夏
4.2（2013）

致王汝丰　1通

王汝丰（1927—　），云南昆明人，中国人民大学清史研究所教授。

汝丰兄：

您好！

绍兴一农民孙伟良自学文史，时常写点小文章，尚有可观，最近写了一则《清史稿》正误，希望发表，特寄上，看在《清史通讯》或《史苑》上作一补白，也算对自学者一种鼓励。

眼睛不好，只靠手的感觉，行字不成样，请原谅。

我的家乡浙江萧山在新建的大图书馆（32000平米）为我辟了一处"来新夏著述专藏馆"，保存陈列我的著述手稿及善藏，2月1日正式开馆。我将去出席赠书仪式，也算为一生的书找到个落脚处，免得身后散失。我已到了该散的时候了，不给后人留包袱，吾兄以为然否？耑此，顺颂

年禧

来新夏

1.28（2007）

致陈明猷 5通

陈明猷（1928—2015），浙江乐清人，宁夏大学历史系副教授。

1

明猷同志：

来函并大稿均奉悉，并粗粗拜读一遍。您是最早完成任务者，谨表谢意与敬意。

大稿内容甚完备丰富，足见用力之勤。只须在文字上略加精炼，即请付之打印即可。

讲稿一律打印二百份，格式已与郝君面谈过，想已告知。印好后，请务必在四月十五日寄到（你处发寄当在四月初）"江苏省，苏州，江苏师范学院历史系，地方志干部培训班筹备组　吴奈夫同志"。

讲课人按原来约定谁写谁讲，教员报到日期是五月一二日（详情当发正式通知）。请您事先做好各种安排，届期务请到苏一行。相晤非遥，余容面罄。顺颂

著祺

来新夏
2.14（1982）

2

明獬同志：

兹寄上《概论》[①]序，请于七月五日前寄下修订意见。如蒙同意，也请见告。尚颂

近佳

来新夏

6.20（1982）

3

陈明獬同志：

兹寄上《方志学概论》初稿打印稿二册，请按下列要求惠予订正。

（一）凡愿承担写稿任务同志，应对个人原写部分详加订正，核对史料，注明出处，尽量不再增多。

（二）凡邀请审稿同志，对书稿从理论到实际惠予指正，并请即在打印稿上修订增补。

（三）修订稿务请于九月十五日前挂号寄交"天津市南开大学历史系来新夏"。

尚恳，祇祈

著祺

来新夏谨上

82.8.3

[①] 指来新夏主编《方志学概论》，福建人民出版社，1983年8月初版，陈明獬是当时参与草稿创编与修订工作的专家之一。

4

陈明猷同志：

　　《概论》油印稿早经寄去，想已收到。分撰人修改稿已有寄回者，请您按原要求核对资料，订正讹误，提出他章修改意见，如期寄回南开，以便最后定稿。

　　耑达，祗颂
著祺

来新夏
9.12（1982）

5

陈明猷同志：

　　来函奉悉。

　　浙江建立修志机构，略有所闻，但不甚详。承嘱之事自可照办，但不知应向何单位何人进言，便中祈告知具体要求，俾效绵薄。

　　青岛讲学期间，已晤贵校田玉洁同志。

　　耑复，祈颂
教祺

来新夏
7.15（1984年前后）

致章志诚 1通

章志诚(1928—),浙江温州人,《温州市志》主编。

志诚兄:

来信奉到。

北京苏先生处之《温州市志》已由人取回。皇皇巨著,不知凝聚多少人之血汗,本应阅读,但一直卧病。自去冬出访港澳台,耗费精力过甚,回津后即病倒,加以腹泻,更感不支,入院治疗,春节前回家,至今仍在服汤药。看来年龄不饶人,书评容后再议。

你访巴黎实堪羡慕,我历游美、加、日等国,而欧洲一直无机缘,致感遗憾。

专复,即致

近安

来新夏

99.3.1

致林衍经 2通

林衍经（1929— ），浙江江山人，安徽大学历史系教授。

1

衍经同志：

您好！

我从去年九月至今年三月在日讲学，已于四月间回国，获知您曾两次需我效劳，惜我远在异国未能执行，甚感抱歉！独协大学齐藤教授曾收到您的来信，谈及邀游黄山之事，我也将您在安徽的影响有所介绍。

近拟编《中日地方史志比较研究》论文集，中方由我负责，拟请您撰写论文（如在已发表论文中选一最具质量，在万字之内也可，最好能与日本挂点钩，不挂也可），如论史志关系（日本人一直搞不清史与志区别如何），时间在九月份交稿，然后由我初阅后提交编委会讨论选择。如中选后再译为日文，尚希支持。

又，先祖《萧山县志稿》遗著手稿藏浙江图书馆，已历四十年无法问世，前经萧山市给以资助，由我整理标点，已于今春出版。①现另邮寄上一册，送请雅藏。如能写一评价，则尤所感也。

专此奉达，祗颂

---

① 当指来裕恂《萧山县志稿》，天津古籍出版社，1991年10月初版。谓"已于今春出版"或就印制完成而言。

春祺

来新夏
4.24（1992）

2

衍经同志：

来函及大作均收到，谢谢。

大作论著详尽，史志关系之说近世学者尚多论说，尚望再能搜求。即如弟所论"同源异流、殊途同归、相辅相成"之说曾在多文阐论，又《方志学概论》为解放后第一本专著，吾兄亦为参与者，均未蒙采及，是否可予考虑？

又，文后附注力求详尽，"同上"之注应避免。某注同某注应重写，版本应齐备。旧志及章氏著作均无版本项，新作也不完整。

此稿可先发表，因中日讨论尚有甄选，故不妨先发表。此稿如你处有底稿，寄来之稿即不寄还，如需寄还请函告。

定稿后，请用计算机打印二份，并附简历，以便提交讨论。

我昨日方从贵州开会回来，迟复为歉。即致

敬礼

来新夏
92.10.16

致吴云 9通

吴云（1930— ），浙江萧山（今属杭州）人，杭州市长河高级中学语文教师。

1

吴云先生：

来札奉到。

周道中为我表弟，多年未通音问。如能见到，请转为致意。

先祖遗诗承录入古今诗词集，甚感，特捡旧作小词一首，未知得否附入骥尾。

所称卷首题跋，未能领会意旨，既不知书名又未获见原编，是题词抑成文均无所知，未能着笔，歉歉！

是书出版，望能见惠一册。专此，顺颂

编祺

来新夏

06.5.13

2

吴云先生：

来函收到，敬悉一切。

所示"廋"字应作"瘦"字，完全正确。我查底稿无误，想系录入时同音误植，而我又未校，承指教，谢谢。

道中表弟能康复甚幸，不日想能收到详细信息。

我因年高目眊，文字工作甚感吃力。

"廋"字有"廋词"即谜语，而梅花历来用"瘦"字，谢谢。如收入，务请订正。

今年九月，可能回乡参加蔡东藩先生纪念会，当谋一晤。即颂

近佳

来新夏

06.6.20

尊处电话号忘却记在何处，请下次通信时再见告。

3

吴云先生：

手书早经收到，因贱躯欠佳，易地休养多时，今精神略好，特奉复如次：

（一）道中表弟已有信来，我与之已通电话。

（二）先祖简介略加补充，请酌。

（三）诗选目甚佳，尤对先祖诗作收录较多，衷心铭感。

（四）王锡才先生所需材料已于今日寄出。

（五）来集之组义军助鲁王虽乏文献，容或有之。《来集之墓志铭》未载此事，或子孙有所顾忌而不列。若记其事，可加"传说"之词。

专此奉复，顺颂

暑祺

来新夏

2006.7.25

4

吴云先生：

　　来函拜收。所嘱书签一事，已书就奉上，请查转。

　　我将于月之 30 日赴萧。31 日，为"来新夏方志馆"开馆。2 月 1 日，为萧山文化中心开馆。2 日，为"来新夏著述专藏馆"赠书仪式。先生如有暇，请拨冗适当参与。到萧后再电话联系。

　　先祖诗稿虽已订入计划，但官方事务繁多，或有疏略，还望先生随时推动，以期年内问世，不胜感激之至。尚复，祗颂

年禧

来新夏
07.1.13

5

吴云先生：

　　您好！

　　先祖遗著多承关注，殚精竭虑，存殁均感！所嘱后记，已撰就呈寄求正，并奉告如次：

　　1. 后记撰写仓促，若干事实经过，语焉不详，请能订补。

　　2. 有关人士名字均不熟悉，已作××，请填补，顺序亦请排好。

　　3. 致谢各方有否遗漏，亦请补订。

　　总之，后记拜托修改订正，万勿客气，一切容后面谢。

　　专达，祗颂

俪祺

来新夏
07.11.23

6

吴云先生：

您好！

先祖遗作，多承关注、辨识、整理，至渎清神，存殁均感。清样已阅竣，草草一过，未能细读。已将改正各页寄奉裁定，部分误字已反复辨认改正；部分为体例问题，如总题之分篇，如若干首等，其子题目录应退二字，改小字以示区别，均有所注明。

阁下前言应入目录居首，请勿客气。①改订如有不当，尚请赐教。专此，顺颂

俪祺

来新夏

12.16（2007）

此前言即稍作变动，与地方文献之作用略挂钩，即可送萧山会议。

7

吴云先生：

您好！先祖诗集多承劳神，方能问世，存殁均感。所询奉答如下：

（1）增广生是生员名目之一。明朝生员有月米，定额内称廪膳生员，增额者称增广生员，简称增生。

（2）博士弟子员，汉尊儒术，特设五经博士，其受业弟子称博士弟子，一定年限后经考核可在中央和地方任职，明清用作生员的别称。

（3）前二种说法都指具有秀才基本身份，更明晰区分和尊重的称呼。

（4）"学士轻身石米摧"，遍查无据，猜测是否石米指米芾故事。米芾拜石，有学士轻身之意。匆复，敬祈指正。顺祝

---

① 来裕恂《匏园诗集续编》由吴云主编，杭州市滨江区社会发展局编印。该书前言即吴云所撰《来裕恂与〈匏园诗集续编〉》。

春节好

> 来新夏
> 08.1.31

8

吴云先生：

在萧多日，因会务羁绊，未获交流，殊歉祈谅。

昨日已安抵天津舍间，略感疲累。今日详读所撰先祖年表，至深感荷，略有改定，未见得当，仅供参考。尚祈时告乡情。专颂

近佳

> 来新夏
> 08.3.23

9

吴云先生：

您好！前奉大札告以冠山一带迁坟事，遵嘱已致函丁局长。昨日，丁局长已复函，告知先祖坟茔此次未在范围，日后规划景点，尚待您及王馆长准备申报材料。现将该函复印件寄上，并附申报要点供参考。一切拜托，容当面谢。专颂

夏祺

> 来新夏
> 08.5.7

致谢国祥　1通

谢国祥（1930—2001），江苏武进人，中共天津市委宣传部部长。

国祥同志：

日昨匆匆，未获畅叙为憾！

兹介绍张树勇同志往谒汇报个人情况，请予接谈为幸。此致

敬礼

来新夏

87.2.8

致范凤书　2通

范凤书（1931—　），河北石家庄人，河南省焦作市第二中学图书馆副研究馆员。

1

凤书先生座右：

您好，大著及书札已拜读，谢谢。

楚天一别，历有年所。宁波盛会原拟与会，不意心脏病发，以致未获参加《中国藏书通史》编撰工作，失一良机。尊著索序时，又因心脏病住院，医嘱休养，不得读书写作，有负雅命，深以为疚。

先生以全部精力致身于藏书史，成果丰硕而难以付梓，实当世之大弊，今《中国私家藏书史》幸获枣梨，可喜可贺。

年近八旬，精力日衰，大文章已无力承作，偶以短文应世，不过遣兴排解而已。读书亦时兴时辍，但大著必当一读，望宽以时日，设有所得，定专函奉陈，或撰短文以报。

函嘱推销大著，经询图书馆采购人员，现在购书规定甚严，必须有正式财务发票方能采购，不知先生是否有正式发票，望告（有无折扣）。

台湾学生书局曾收集我历年发表之书话，合为一集《来新夏书话》，日前方将订购书寄到，检呈一册，聊当报李。专复，祗颂

秋祺

来新夏拜上
9月15日（2001）

2

凤书先生：

　　书稿及大札早已收到。因目力不好，阅读甚慢，近日方成序言，寄上请正。如有不洽，请径行改正。专此奉复。祗颂

新年愉快

全家吉祥

　　　　　　　　　　　　　　　　　　　　　　　　　　来新夏
　　　　　　　　　　　　　　　　　　　　　　　　　　05.12.25

致朱正 4通

朱正（1931—   ），湖南长沙人，湖南人民出版社编审。

1

朱正同志：

华翰奉到。辱承推奖，愧不敢当。《路与书》本为选集，所以多一篇少一篇均无关理要，所示《杨度集》短什当可考虑。

拙稿基本均为成稿，仅稍事整理即可，清稿奉请裁定。因大函言及近期计划已满，故推称明年九月，今承关注，则请见告何时为最佳时刻，弟当遵照办理，如期送上。耑复，祗颂

著祺

弟　来新夏
88.9.16

2

朱正先生道席：

久仰盛名，无缘识荆，怅怅！

多年前，承叔河兄介绍，拙作《路与书》加盟"骆驼丛书"①，幸蒙收录，并即请周楠本先生责编，已完成编辑程序，待付枣梨。不意事起非常，

---

①　朱正即"骆驼丛书"主编。

丛书不出，而拙作亦在分娩前夕流产，亦事所难料。后周君将拙稿妥退，并附寄300元致歉费，稿面朱墨犹在，盛情可感！

寒暑数易，《路与书》幸获出版，虽篇章有所更易，而书名犹存其旧，以纪念当今已难有之感情。[①]寄赠拙作一册，供插架并留念。楠本先生究在何处，难探行止，另一册请代转交，并代致感谢之情。如蒙见复，请按名片地址直寄舍下。因我已年逾古稀，为历史所刷汰，退归林下，办公处所已甚少涉及，以免后辈作无可奈何之尊敬状。专此，祗颂

秋祺

来新夏上
8.17（1997）

3

朱正兄：

你好！

讨论集一册奉上，供参考。

所言编书话一集，应该作。有人认为序评不算书话，我持异议，曾写过一文论及。后应台湾学生书局之邀，按我的观点编了一本《来新夏书话》，正巧书架上有两册复本，特检赠一册，另邮寄上，或可备编书时参考。

即颂

春祺

来新夏
3.23（2004）

[①] 来新夏《路与书》，中国青年出版社，1997年7月初版。

4

朱正兄：

您好！

惠赠《书话》①，拜领谢谢！循读卷尾，获蒙齿及下走，嘉勉溢美，益增愧恧。

日前，亲友门人鉴于独居生活颇难顾及，乃撮合续弦，已于上月办理，低调处理，不事张扬，仅向友好寄呈纪念卡奉闻。专此，顺颂

撰祺

来新夏拜上
04.11.11

---

① 当指朱正《朱正书话》，北京图书馆出版社，2004年10月初版。

致来新阳、杨英彦　7通

来新阳（1931— ），浙江萧山人，来新夏先生二弟，寓居中国台湾。
杨英彦（1936— ），安徽庐江人，来新阳先生夫人。

1

新阳、英彦：

春节好！

我已滞日近五个月，三月中旬即将归国。在东京一切都好，只是寂寞得要发疯，只好常向各处打电话，每月电话费几万元。

日本人情太薄，只有虚伪的礼貌，没有真正的友情，有用时什么条件都行，无用时面孔很冷。我深知此事，所以当初一切条件列在纸上，所以还不错。

我的学生大陆、台湾都有，我一律以学生对待，只讲师生情谊，不论其他，所以相处不错。这次，台湾学生吴文祺君回台度假，主动要为我带东西给你们，我因他们路程上不便，只能带点小礼品：

①日本点心，欣赏一些日本风俗。
②领带一条；
③袖扣领夹小盒。（二弟生日纪念）
④手袋一个，现日本比较流行，送给英彦。

礼物不成样子，只表示大哥一点心意，东西都是在比较有名的店去买的，日本人很讲究店铺的。

此问

你们好

大哥手启
92.2.4

附去照片三张：

① 在作公开学术讲演。

② 在凝望家乡。

③ 我的住宅和车子（黄小楼），东京初雪。

刚收到国内寄来的新出版的一本书，带去你闲时看看。

2

新阳、英彦青览：

来信收到，商务动作甚快，故倩弟寄台友书一事即作罢论，由我径寄诸友。吾弟自购一册，成为第一读者甚快，稿酬处理办法如次：

（一）是否在台北某银行为兄开一户存入，以便有机会去台时使用方便。

（二）直接存入吾弟户头内也可，你我何需分得如此清楚（已在复印件反面背书，并附委托）。

（三）如上述二法难通，即采弟所说第一方案，将支票带津（此为不得已之举）。

我于8月底应邀去南京参加近代实业家张謇国际学术讨论会，担任大会顾问，9月2日始归来，除略感疲劳外尚无碍。

你嫂近期拟去昌平探视，新三自幼获宠，行为乖张，我素不以为意，望放心。积习已成，开导恐亦难奏效。

专复，即问

全家好

大哥手启
9.3（1995）

3

新阳、英彦：

来信收到，谢谢你们的关心。

我休养期间，减少了近一半工作量，现仍服药，一切尚好。

新三次子结婚，新三亲来天津，一则探病，二则请你嫂参加婚礼。我给他一些力所能及的资助，你嫂也冒风寒去了三天，如此也就可以了。

我已收到俄亥俄大学邀请，并为照顾我，也一并邀请了助理焦静宜女士，但需自己承担一些费用。我因年事日高，以后再出国更难，所以也同意。去看看侄辈和朋友，人老了总有这种心情，我预备到纽约、普林西顿去盘桓一下。到纽约大约留一周，最多10天，不知明贤侄女处有无接待条件与可能，请你代问一下。如有困难，我再与其他朋友联系。

我现在正为明年香港回归准备一本书《林则徐年谱新编》，共60余万字，工作量很大，又有时间限制，焦老师也全力以赴帮助查对资料，校定文字，一月份（下旬）即可交付印刷，四月初可出书，五六月间可运到南方。人总是被事情牵着走，也很苦恼。

你退休后有何打算，愿意回来玩玩，一切均无问题。如想讲点课，我也可设法为你联系，请能告我专业方向、简历及讲题。

专此，即祝

春节愉快

大哥手启

12.29（1996）

4

二弟青览：

你们好！

春节时曾致电，但一直接不进去，想一切均好为慰。上月下旬，台湾选情纷扰，此间电台已睹全过程，真是热闹非凡。

去年赴台，曾在家宴时有数帧合影，近日洗印，特寄奉一览。

门人等在津郊盘山长城特为装修一休憩之所，尚称整洁，生活设备完善，食用亦尚方便，空气清鲜，景点亦不远，望贤伉俪能于7、8月间来此消闲，我亦偕往避暑。

焦教师处已有所沟通，惟尚有细节待商。届时设有所需，当烦吾弟出面。专颂

俪祺

大哥手启
04.4.5

5

二弟亲览：

你好！

前者谈及刘铭传，我于10月中旬即去合肥参加"海峡两岸刘铭传学术研讨会"以纪念台湾建省120年。我在会上作了专题报告，现将报告全文寄你参阅。

我10月下旬回家，又接到上海华东师大古籍所之邀请，研讨古文献之价值与应用，订11月12日到会，现正撰写报告稿。

一切均好勿念。祝

全家好

大哥手启
11.5（2005）

《津图学刊》编辑部

二兄亲览。

你好！

前者谈及刘铭传，我于10月中旬即赴合肥参加"海峡两岸刘铭传学术研讨会"以纪念刘铭传逝世120年，我在会上作了专题报告，现将报告全文寄你参阅。

我10月下旬回家又接到上海华东师大古籍所之邀请研讨古籍数字化价值与应用，订11月12日开会，现忙撰写报告稿。

即祝好为念

李家栋

地址：天津师范大学北院图书馆108室　　邮编：300073
电话：(022)23541460　23540977

11.5

2005年11月5日致来新阳信

6

新阳：

　　前次寄去刘铭传一文，谅览及。兹寄上照片三张，请查收。

　　我近来很忙，经常外出。身体尚可，只是视力锐减，已无法看清报纸上字了，字也写得大了，无奈。即问

近好

大哥手启
05.12.2

7

二弟：

　　纪事收到并阅过。

　　（1）所记过于简单，尤其是 17 岁以前纪事。回忆深些，可能会记起一些事。我已添进一些，仍嫌过简。

　　（2）各年应加系公元和本人年龄。

　　（3）家事、国事变动可择要记入。

　　（4）自记应有点情趣，文字过于枯燥，应生动些，重大事情的个人感受。

　　（5）有些框架渐渐充实，自可成篇。

　　我曾打电话，你已赴美，英彦接听，互道平安。

　　我年逾 90，右手开始微颤，硬笔尚成字形，但很难看，毛笔已无缘矣。最近按摩，每周二次，帮助运动，不能再写了。祝

全家好

大哥手启
5.25（2013）

致来新铭 3 通

来新铭（1932— ），浙江萧山人，来新夏先生堂弟，桐乡某医院退休医师。

1

新铭吾弟如晤：

你好！

烘青豆已于昨日收到，味道甚佳。谢谢！

自你嫂逝世后，我一直沉浸在郁闷中，60 年夫妻一旦失伴，实感伤心。最近因社会工作较多，情绪逐渐恢复，请放心。

你也已高年，请善自珍摄。

全家好！

大哥手启

11.12（2003）

2

新铭弟：

你好！

烘青豆已拜领，又让你破钞，甚感不安。谢谢！

我自你大嫂逝世后，家中孤独一人。侄辈各有一家，难以全面照顾。经早年学生们撮合，与焦静宜女士结合（年 55 岁，独身），寄去纪念卡一份以代通报。兄弟之间万勿有世俗之举。专颂

近佳

大哥手启

04.10.30

3

新铭：

　　你好！

　　寄来的白菊花已收到，质地很好，谢谢你的关心！

　　我因去北京，迟复为歉。

　　我一切尚好，只是视力减退很快，经检查是玻璃体混浊，无法医治。小四号字已看不清，只能用放大镜，很麻烦，写字靠手的习惯动作。总之是老了，老了，没办法了。

　　你也是 70 多岁的人，一切要珍贵，最重要的是不要生气，世间一切事都与我们无关。

　　专颂

春禧

来新夏

06.2.23

致周金冠 5通

周金冠（1934— ），浙江杭州人，石家庄市第三棉纺织厂高级工程师。

1

金冠乡兄惠鉴：

十年一别，恍如过隙。顷奉惠函并大文，甚感欣悦。展刊一读，又为蒙奖饰，不胜惭愧，结网至今，了无成就。

铭翁太老伯，我幼年曾闻先祖父母不时谈及，今两家后人复能相识论学，亦人生缘分。

石庄奇案甚惨，而阁下近在咫尺，幸获无恙，实先人庇佑，自身之修德，不可谓唯心之论。近年物欲横流，亡命之徒殃及善良，实感皇皇。最高领导号召以德治国，为当务之急，世风或可转化。

我已年近八旬，已离休多年，幸供职年久，在任尚能维护所属，故来书虽无详址而亦迅速转到。附上名片一纸，请按此联系即可。

所寄旧书报颇有新意，亦为读书人做一好事，此间不常见此报。

专复，祇颂

春祺

来新夏
3.30（2001）

2

金冠乡兄惠鉴：

　　承赐大作《曾衍东评传》，内容充实，甚见功力。曾氏所著《小豆棚》我早年曾读过，并写过札记。后杭州言新发现，报上曾有争论，实则难言其为发现，因我在他们发现之前就读过此书。所言得到先祖《汉文典》原印本，诚属难得，惜为一册。此书早年有名，后以内容难读，不为人注意。后有人为之笺释，已由我设法出版，奉上一册入藏。即颂

近佳

来新夏
三月十四日（2002）

3

金冠乡兄：

　　你好！

　　遵嘱敬录先祖赠铭慎公诗一首，但我素不善书法，所书拙劣，有污尊目，当祈鉴谅。专呈，顺颂

春祺

来新夏
04.3.14

4

金冠乡兄：

　　春节好！

　　尊著《任熊评传》已拜领。吾兄近年致力学术，所著学术含量颇高，获益良多。弟近年所写小文，雕虫小技，无足以渎大雅之目，积数十年而成之

《清人笔记随录》近日可望出版，当请教正。目力日衰，字不成形，尚祈亮察。顺颂

春祺

来新夏

05.2.24

5

金冠乡兄：

首先告罪尊名误书，千乞见恕。弟近年精力见衰，时出不当有之误。此等错误已有数起，甚至有信件装错之谬。周金品系北京一老友，时有信札往来，以致误书，至祈谅察。

大著无论装帧、内容均无负先贤。近年学术浮躁，已成时尚，徒呼奈何。略识之无，稍涉书册，辄孤芳自赏，目无余子。我门下也不乏其人，只能听之而已。

先生虽非专业，但天下事往往如此，圈外人有时精于圈内，已数见不鲜。略读尊著，已见功力，洵称不刊之作。

先祖仅有诗集而无文集存世，无法钞奉，谅之。行斜字歪，已难寓目，实感无奈。专复，敬颂

春祺

来新夏拜上

二月三日（2013）

致陈智超 2通

陈智超（1934—　），广东新会人，中国社会科学院历史研究所研究员，陈垣先生之孙。

1

智超同志：

素未谋面，但早知您是援庵先生文孙。今年是援师百年纪念，无以为敬，特出珍藏援师遗墨，并加跋语，交天津社科院《文稿与资料》发表，公诸于世。①特检寄一份供保存。耑达，袛颂

著祺

来新夏

11.6（1980）

2

智超同志：

大札及援师著述一种拜领，谢谢。敬读援师著作，闭目回思，犹忆课堂情景，宛如昨日，而时光流驶迨三十余年，夏学殖无成，实深负师教，惟当竭力奋起而已。

援师教诲启迪之殷殷，久为学林称道。犹忆昔年呈送作业中，书一

---

① 指来新夏《陈垣先生遗墨跋》，《文稿与资料》1980年第6期。

"本"字，援师即眉批"本无钩"，至今未忘此事。于此亦可见老辈之细心谨严，诲人不倦。

所需复印片，系前次刊物所复，不甚佳，寄去备存，底片也奉呈师门，由您保存。尚望时赐德音，夏若去京，当图一晤。耑复，祗颂

撰祺

来新夏

1980.12.22

舍间住址"天津南开大学东村一号楼202号"，赐件可按此址。

致刘宪康 2通

刘宪康（1934— ），浙江萧山人，中国汉语方言学会会员，《萧山方言趣谈》作者。

1

宪康先生：

来函及大作均已收到，谢谢。因去澳门讲学，昨日方归，迟复为歉。

大作《山青花欲燃》中有关为毛奇龄辩诬之文，已拜读，确为毛氏一洗旧说，无论引证、辩驳均能有理有据，有实事求是之意，亦为史德，至感钦佩。

集中有论先祖《游颐和园》诗一文，语多中肯，作为后人，尤当铭记。最近，滨江区准备印行先祖《匏园诗集续编》，年底或能问世。

专复，祗颂

近佳

来新夏

07.11.22

2

宪康先生：

来信和刊物均收到。

我行年九十一岁，精力衰退明显，一篇文章要看几天，迟复为歉。

杨时是著名理学家，曾出仕萧山，当引以为骄傲。你能尽力寻求发掘，得逸诗很好，对乡邦文献是一贡献。文章写得流畅，考论亦很谨严。对全文详加评论已是力所不及，望能体谅。

　　身体日衰，现行路已困难，对事情亦常失忆，祈谅察为托。顺颂
春祺

来新夏
04.15（2013）

致赵传仁 4通

赵传仁（1936— ），山东鱼台人，曲阜师范大学孔子文化学院教授。

1

传仁先生：

赐函及贺卡均拜领。

尊作自有造诣，拙评不足以论定于万一，幸勿期许过多。唯书评发后，曾引起一些人垂问尊作出版处，我已一一作复。唯独启功大师也以此相垂询，如阁下尚有余书，可否奉赠启老一册（北师大中文系），遵嘱奉上名片一纸。顺颂

年禧

来新夏

99.1.2

2

传仁先生：

贺卡并大札均拜领，谢谢。

《释义辞典》升格为大辞典，甚好。①不知由何家出版，不仅内容应谨

---

① 《释义辞典》指《中国古今书名释义辞典》，赵传仁等主编，1992年6月由山东友谊出版社出版。后修订扩编为《中国书名释义大辞典》，2007年7月由山东友谊出版社再版。

严，而且装帧设计也应求完美，因此类书为传世之作，非若坊间小书。

  关于顾问一事，我因既参与其事，而葛君[①]又谢世，故人难忘，义不容辞。启功师处，也专诚去京禀明，言我参加他就允诺，以免上当。至于题字，因启老眼疾严重，已久不书写，偶尔天气晴朗，光线充足，尚可写一二字，视当时情况再定。春节后欢迎来津。即问

近好

来新夏
12.23（2001）

3

传仁先生：

  来函收到，二事相商：

  （一）前此为《释义辞典》撰序，后曾有订正，收入《文录》[②]时，又进行一次修改。现寄上样稿，如大辞典仍用此序，请你对最后一段在具体条目做法上改一下，请酌。

  （二）阮亭解释我手头无资料，又无精力去查。北京有蒋寅先生专门研究王渔洋诗，你可写信到北京中国社会科学院文学研究所（建国门内大街）蒋寅先生处查询，可说是我推荐。

  此问

近好

来新夏
2002.1.10

  如来津，最好电话告知具体时日，以便迎候。022-2350****

---

① 指葛增福（1940—1999），河北安国人，1965年南开大学历史系毕业，《光明日报》新闻研究部主任编辑，为《中国古今书名释义辞典》主编之一。

② 指来新夏《邃谷文录——来新夏自选文集》，南开大学出版社，2002年6月初版。

4

传仁先生：

你好！

前函称大辞典出版仍用拙作前言，近日翻读原序，有若干处需改动，不知是否已付印，望速告，即寄改稿。最好电话（022-2350****）联系，晚间最好。即颂

近佳

新夏
1.22（2002）

致李兴盛 10 通

李兴盛（1937— ），黑龙江哈尔滨人，黑龙江省社会科学院历史研究所研究员。

1

兴盛先生：

大札并尊著二种敬谨拜领。先生从事流人研究卓有成绩，甚堪钦慕。我为周轩所著撰序略抒所见，不足当大雅一笑。流人全史问世正翘首以待，我去年已满 70 岁，不能再为来者挡路，已离休退隐。今后如蒙赐教，请寄舍间（地址、电话见附片）。专复，祗颂

著祺

来新夏

3.24（1994）

2

兴盛先生惠鉴：

7 月 7 日大札奉悉，辱承奖饰愧甚。所附名单尚有相识，颇多名流。既蒙相邀，愿附诸君子之后，为《全清诗》之编纂聊尽绵薄。

专此奉复，祗颂

暑祺

来新夏
（1994 年 7 月 9 日前后）

附简介一份。

3

兴盛先生：

  惠函并大作均拜领，甚感厚情。辱蒙以书评相属，益增愧恧。我于流人问题稍知皮毛，无深入研究，何敢滥加指点，而大作又为巨制，非一时所能通读，俟近日忙过，当专心一读，若有所得，定将领悟处撰文转有关刊物发表，尚请稍待时日为幸。耑复，祗颂
著祺

来新夏
95.11.28

4

兴盛先生：

  来函早经收到，因我在海南避寒（严冬气喘甚剧），近因年关在迩，北归度岁，迟复为歉。承邀担任专著顾问，谢谢。滥厕其间，益增愧恧，惟当勉力应承。所嘱《中国流人史》一书①评论因冬日身体欠佳，已托我校已毕业一博士敬读全书撰写书评，并将选一刊物发表，但当假以时日。专复，祗颂
春祺

来新夏
96.2.10

---

① 李兴盛《中国流人史》，黑龙江人民出版社，1996 年 3 月初版。

5

兴盛先生：

你好！

《中国流人史》书评①在《津图学刊》刊出，特检寄一册备查。近来研究工作进展如何，念念。

专颂

撰祺

来新夏

9.16（1996）

6

兴盛先生史席：

大著并来函均收到，谢谢，一时一事得失本无足在意，要在真才实学。鸿篇巨制，久为学林所重，又何挂念于浮名？祈阁下能自抒情怀为望。承邀担任《中华文明实录》主编，以不佞才识德望实难胜任，如另有贤达，自应敦聘。设属意不佞，也难坚辞，愿以余年与诸君子共襄此举。名誉主编实可不设，徒增一层次，于事无补。如由阁下担任执行主编，则不佞当可尸位主编，其下再设编委会，共商人选，至其具体步骤，请预为筹划，以便进一步商定为幸！

专此奉复。恭贺

新春愉快

（1997 年 12 月 23 日收信）

---

① 指李燕捷《读〈中国流人史〉》，《津图学刊》1996 年第 3 期。

7

兴盛先生：

您好！

惠赠《黑龙江山水名胜与轶闻遗事》①一书已收到，谢谢。所嘱为大作撰序一事，既已承诺，定当照办。俟样稿寄到，即尽速撰就（积习不读全稿不撰序），请释念。周轩已任新大出版社副总编，当能一展鸿图。专颂

近佳

新夏

11.17（2000）

8

兴盛先生：

来稿收到后即放下手头工作阅读（习惯上不读全稿不写序），历时数日始竣，又经整理思路，草拟一序，约2000余字，为抒发感情之作，若有不妥，请删定为佳。延误数日实不得已，请谅之。收到后请即告，以免悬念。

专颂

近佳

来新夏

2000.12.1

9

兴盛先生：

你好，收到评论拙作之鸿文一篇，奖饰过当甚愧，日后当收入贱辰纪

---

① 指李兴盛主编《流寓文化中黑龙江山水名胜与轶闻遗事》，黑龙江人民出版社，2000年6月初版。

念集中。又蒙厚贶伍佰金，益增不安。叨在知好，冒然通报，只求鸿文，不意多扰，实深感谢。会上拟赠《邃谷文录》二册，当于会后专邮寄往，请指教。专申谢忱，顺颂

著祺

来新夏拜上
5.27（2002）

《流人诗选》①一册发信时收到。

10

兴盛先生：

你好，承邀参加流人学研讨会，谢谢！本拟撰一新作，但精力大不如前，仅删订旧作塞责，另附旧有《读流人书》札记一篇②，或可备研究者参考，不恭之处尚祈鉴谅。耑此奉达，顺颂

春祺

来新夏
08.3.9

---

① 指李兴胜主编《黑龙江历代流寓人士山水胜迹诗选》，黑龙江人民出版社，2002年1月初版。

② 指来新夏《流人的书》，《文史杂志》1998年第3期。

致童本道　1通

童本道（1938—　），安徽合肥人，安徽教育出版社总编辑。

本道先生：

您好！久疏音问，忽奉惠寄《李鸿章全集》审评材料，10月中旬又将晤面于合肥，不胜欣慰。全集得先生与其事，质量定获保证，拙见不过愚者一得之见，徒污尊目，祈谅。相晤匪遥，书不尽言。专复，顺颂

秋祺

来新夏

05.8.27

致金恩辉 1通

金恩辉（1938— ），吉林市人，吉林省图书馆馆长，吉林省文史研究馆馆员。

恩辉：

你好！

承邀作序①，已于今日完成，约近 5000 字，可能长了点。遵嘱将新旧志混在一起谈，是否恰当，又你的细则中有些矛盾处，如收录范围前后不一，我在序中采取笼统说法。序中所叙如有不恰及错讹，请万勿客气，加以修改。

序言打印两份，可寄一份给胡先生，请其订正。

此问

近佳

新夏
9.17（2001）

---

① 所作即金恩辉、胡述兆主编《中国地方志总目提要（1949—1999）》序言，台湾汉美图书有限公司，2002 年 3 月初版。

致龚绶 2通

龚绶（1939— ），天津人，书法家、文物收藏鉴赏家龚望先生（1914—2001）之子。

1

龚绶先生：

你好，前嘱为令尊纪念展题词，因年老思维迟钝，多日成一短文，未知能当意否？

题词理应毛笔书写，惟目眊手颤，无法执笔，谨以打印稿呈上，尚望恕其不敬。

文中有不恰或失实处，望订正。

专颂

秋祺

来新夏拜上
2012.10.28

2

龚绶二兄：

尊翁序言已改订完成，寄请审正。有关先人，万勿客气，务求事实无误。

朗然事迹已从宝坻旧志查到，亦已补入，以解世人之谜。

前赐各种有关资料全部检还，尚请查收。专此，顺颂

近佳

来新夏

11.14（2012）

致张树勇　2通

张树勇（1940—2018），北京人，天津师范大学图书馆研究馆员。

1

树勇：

　　前次在舍，面托代办严范孙的"存古堂学则"资料已将一月，成否甚望见告。

　　又，林开明同志前者在馆搜求补缺，曾面允今后互通有无，而我为此亲函相商，已近二月，竟无只字回复，便中希代转告。此问
近好

来新夏
11.29（1986）

2

树勇：

　　北洋资料三册稿进行情况如何？目前出版低谷，随时都有停发可能，所以必须抢时间，万勿掉以轻心，以为一册已出，万无一失。希将已定稿陆续送来，争取我看一下，于十二月上旬送上海，千万别再返工。切切！
好

新夏
11.25（1988）

致陆继权　1通

陆继权（1940—2021），江苏启东人，启东市长江中学教师。

陆继权先生：

来函收到，因年老力衰，不能详查资料，仅就记忆所及，简复如下：

（1）刘春霖（1872—1944），字润琴，直隶肃宁人，光绪三十年状元（科举制最后一名），曾官修撰、福建提学使、总统府内史、秘书厅厅长。1928年后，退居上海、北京，以诗书自娱，1944年卒。

（2）夏寿田（1870—1935），字午诒，湖南桂阳人，光绪二十四年进士（探花），任职学部，著有《夏寿田诗词集》。

（3）郑沅（1866—？），字叔进，湖南长沙人，光绪二十年恩科探花，曾任四川学政、大总统府秘书，善书法，精鉴赏。

（4）你们所说郁寿丰名字问题，都可用，因情况不同。桥用本名可以，碑文用"芑生"，是否是郁氏以字行？如碑文是朋友名义写的，"芑生"就含客气的意思，定书名还是用郁寿丰为好。

（5）墓碑有可能受西方影响，但中国亦有此种碑形，最好查查有关墓碑的书。

此问
时祺

来新夏
10.11（2009）

致崔文印　41通

崔文印（1941—　），河北乐亭人，中华书局编审。

1

文印同志：

你好！

手头《浅说》①已被友好索尽，近复有面索者。烦请将存京《浅说》寄下十册为恳，诸多烦渎，容当面谢。

我于四月下旬离津去苏州，将于六中旬北归。

耑恳，袛颂

著祺

来新夏

4.3（1982）

2

文印同志：

寄书十本已收到，烦劳之至。

《浅说》评介在十三日《天津日报》上有一段，剪寄供参阅。

我寄小骈地方志论文两包，均为挂号，并说明无论多忙，复我二字"收

---

① 指来新夏《古典目录学浅说》，中华书局，1981年10月初版。

到",以免挂念。但至今多日未见只字,请就近探问一下。

我下旬应江苏省社科院之邀,去苏州主持地方志培训班工作,六月中结业后始北返。

耑达,祗颂

近佳

来新夏
4.14（1982）

3

文印同志：

你好！

教委通知,拙作《古典目录学浅说》拟改名《古典目录学》,修订增补后仍由中华操劳。如何办理,特烦我系张格、耿书豪同志往洽,祈接谈为幸。此颂

著祺

来新夏
5月1日（1986）

4

文印同志：

来函奉悉,新作《古典目录学》近又在油印稿基础上修订一次,估计在二十五万字左右,前增图片,后附参考书提要,具体体例安排容当面商。

审稿会教委已批复同意,拟于九月下旬在蓟县风景区举行,请务必安排好工作到会,九月上旬当再提醒。

"中国目录丛刊"一事为学术大业,阁下勇气毅力可敬可佩,我当随时应召,共成善举,至希将到会肯定意见答复,以便计划定议。

此颂

著祺

来新夏
88.8.16

5

文印同志：

在津数日，接待多有不周，祈谅。今日收到致你信一件，是中华所发，想已了解何事，特将此信寄去，请查收。

拙稿《古典目录学》承各方指正，当抓紧修订，于十一月底按时交稿，争取明秋出版。

此书与《浅说》大不同，至少增量三分之一强，而内容变动尤大，请能按新作对待为幸。此致

敬礼

来新夏
88.9.28

6

文印同志：

回京后想必很好，转去信一封，收到否？拙稿《古典目录学》集中十天时间，又约了一助手誊清整理，已完全达到齐、清、定标准，特请内子李贞夫人亲自送去。因我十日即离京去上海、西安，月底始归，下月初，到山东青州审地方志稿后即赴香港，所以原拟慢慢拖到十一月交稿，恐难如期，因此只好摒除一切，集中完稿。希望迅速完成编辑程序，争取明年九月前出版。一切均赖阁下着意。耑颂

著祺

$\qquad$ 来新夏
$\qquad$ 10.6（1988）

7

文印同志：

您好！

大札奉到。

（一）教委有关人函告《古典目录学》审定通知无问题即发，我很同意阁下之说，纯系老爷"故作姿态"。

（二）一切从简无所谓，形式、内容并重固佳，否则有内容也不计其表面矣。

（三）启老师横签寄奉原件，请查收。

（四）校样出来请电话告知，派人去取，邮寄太不可靠，非掉即慢。

（五）拙作自成稿到，增殖均由阁下一手，故一切悉听卓裁，决无异议，总以出书为最大目标。

专复，祗颂

著祺

$\qquad$ 来新夏
$\qquad$ 1988.12.16

8

文印同志：

你好！

《古典目录学》据前函已付排，至今又已数月，是否已出清样可备校订？现有我馆袁玉环同志去京，请她到书局，如已有清样，即请带回。

专此，即颂

近佳

来新夏
1989.10.22

9

文印同志：

您好！

12日收到《古典目录学》初校样，非常高兴，感谢您的艰辛！我正在日夜兼程校定，拟在二十日或二十一日专程送去（请您在下周三、四上午等候，以谋一晤）。

此书初校尚好，但错讹较多。如可能，希能看最后一样（我去京校亦可）。

此书漏排顾廷龙先生序，我又寻出序文插入，请您注意。此颂

文祺

来新夏
6.16（1990）

10

文印兄：

二校样收到时，我正在黄山参加古籍成果出口座谈会，与邓经元、傅璇琮二公晤面。回校后，冒暑赶校，已于七日晚校毕。此次误处仍多，甚有章标题脱字者，有几处是我新改的：① 前言中忘了提及顾老写叙一事，必须补上。②"官修目录"与"国家目录"并用不统一，现均改为"官修目录"。③ 目录中顾序是否与其他题目齐行，其他均有小正，请审阅后并入校样为托。

三校样是否仍赐一份，以尽量减少错误，以利后学。但势必为老兄增添麻烦，十分不安。

天气酷热难耐，至希珍摄。

系内同事张格先生去京之便带呈，请见复为荷。此颂

俪祺

来新夏

90.8.8

11

文印同志：

多次去京拜访，未晤为憾。我定本周内出访美国，到哥伦比亚大学讲学，希望能带几本《古典目录学》去，不知有无可能，请为设法。我将于本周五去京（周六班机）。专此拜托。祗颂

近佳

来新夏

91.4.8

12

文印兄：

你好！

现有三事奉告：

①《古典目录学》稿费至今未收到，请查告。

② 购书 100 册，7 折计应为 217 元，现托人送去 220 元（可能需邮费，如无，余款可暂存）。

③ 样书至今未见，望早日寄下。

此颂

著祺

$\qquad$ 来新夏
91.7.9

13

文印兄：

你好！

稿费已收到。谢谢。

前托人带去购书百册款想已察收，但至今未见书，希能尽早发书。因我正在准备赴日行装，这次甚望能带书传播域外。样书 30 册也未收到。渎神之处容面谢。

此颂

暑祺

弟 来新夏
91.7.27

我已卸出版社领导职务，回系任职，今后请寄系。

14

文印先生：

你好！

拙作出版已久，尚难见书，诸方友好索书甚急，日前又倩人往询，据告 28 日可得书，忻喜无似。为妥慎起见，拟定 9 月 3 日派专人往取，务请代为准备，以免徒劳。屡加烦渎，至感不安，尚请见谅为幸。专颂

近佳

来新夏
91.8.28

15

文印老兄：

《古典目录学》一书诸承关注并付出精神，始获问世，至深感荷！今假我校焦静宜女士去京之便，带去磁化杯一个、唐三彩马一匹，聊供清玩，以表下忱，尚祈哂纳。拙作所购一百册已托学生徐建华同志往取，至应得样书请暂存尊处，我日内去京，东渡时往取，以免往返携带。

专达，祗颂
近佳

来新夏
91.9.14

16

文印兄：

由日归国，在京访友，勾留一日，专诚趋访，怅未相晤。与英芳女士略谈，想当转达。

拙作《古典目录学》在日本颇著影响，均认为乃一佳作。有人拟翻译，我个人自然欢迎，但一般应得原出版社同意，特此函告，即请询问有关部门后见告为荷（一般牵涉经济问题，但此书属于冷货，想亦无何利益，译者也系一私人穷生，并非另一出版社邀约，译后尚待寻求出版）。

专达，祗颂
著祺

来新夏
92.4.5

17

文印兄：

来函奉到，拙稿为您增加烦扰，甚感。现有数事奉达：

（一）傅璇琮交去之稿不是定稿，有不少错。我在北京面交稿并写有"定稿"二字者为定稿，请能与定稿相核（我的软盘是定稿）。

（二）傅璇琮先生曾面允为拙稿写跋，便中请问一下，如有困难不写，则望将自序中提到傅写跋之语删去。

（三）清史丛刊委员会有正式通知，稿已定，交中华出版。复印寄上。他们交来的也非定稿，与傅稿同时打两份不足为据，仍以我的定本为准。

（四）我的手写稿均在您处，是否选点作书影。

（五）因书较厚，请用精装。

（六）稿费我不计较，但请他们注意到我是打印好盘，请对这项费用稍有补充。

（七）作者照片及简介何时寄奉？

（八）排成出版稿后，我是否需最后再看一遍？并请您也再看一通，帮我把关。

（九）《书影》版本请能补入。

（十）书签能否自题？

专此，祗颂

近佳

来新夏

04.3.11

剑虹兄来津，曾告稿费定在 40 元，我表示不计较，但希望能争取多给点样书。如"清史"①统一规格是平装，也请能装 100 册精装，最好订在合同内。如"清史"规格本是精装，则此无庸谈。

---

① 当指"国家清史编纂委员会·研究丛刊"，来新夏《清人笔记随录》即收入其中，由中华书局于 2005 年 1 月出版，崔文印担任责任编辑。信 17—28 主要围绕此书的编校展开。

18

文印兄：

　　大札奉到，引文错字，深感惭愧，又为您增添麻烦，尤感抱歉。前次在京交付之"定稿"曾由我最后通读，所以责不在输入者。而您百般劝慰开脱，实在感谢，一俟校样，定当敬谨从事。唯我之研究生现已多为教授，何能动用，只好老骥出枥，亲扫落叶。至祈您从旁相助，不情之请，尚祈亮察。专颂

春祺

来新夏
04.3.21

19

文印兄：

　　你好！

　　合同已签，寄回二份。

　　手头稿已核对一过，俟清样寄来（或我去京）再校。估计何时？

　　傅先生曾通电话，表示要写题跋，并称与你联系，请再问确。

　　此书多经老兄担待，容后面谢。

　　专颂

俪祺

来新夏
04.5.11

文印兄：

　　大札奉到，31个错字深感惭愧，已为您增添麻烦尤感抱歉。前次在京交付之"定稿"曾由我最后通读，亦以责不在输入者而怕百般劝慰开脱，实在感谢。一俟校样定当敬谨从事。唯我之研究生，既已为名教授，何论动用，只好老汉出场兼扫厕叶正俯。您仍宾相助，不胜之请。耑祈

亮詧　专款

春祺

　　　　　　　　　　姜梨夏
　　　　　　　　　　04.3.21

2004年3月21日致崔文印信

20

文印兄：

来函拜悉。

合同收到时即缺中心，当时以寄有改动之页，故盖章后即寄上，请就地补入，盖书局章后即请赐交。

清样何时可出，望能见告大致时间，以便安排日程。拙作多承关注，屡渎清神，叨在知好，至祈鉴谅。专颂

著祺

来新夏
04.5.22

顺问曾夫人好！

21

文印兄：

你好！

前寄一信，谅邀青览。合同至今尚未返还，不悉何故，请代敦促。

傅璇琮先生允写跋语，并云与兄联系，如实有应付勉强，亦可作罢。

清样何时能见，望能见告，以便安排工作日程。诸多烦扰，叨在知好，当蒙谅察。专颂

编绥

来新夏
6.9（2004）

22

文印兄：

  你好！合同已收到，勿念！

  《书品》所发书评已拜读，推奖过重，歉不敢当。谢谢！

  《清人笔记随录》一稿前以"清史丛刊"样式未到，未能发稿，后格式到后据知已发刊，所以未将我处校定稿送排，而柴兄又误传清样已寄出。而等待多日未见，经电话联系，承曾夫人转告并未寄出，为此二事相烦：

  （1）你前此建议送清样稿是否有必要？

  （2）稿是否确发，清样何时可见？

  屡渎清神，叨在知好，当蒙鉴察。顺颂

暑祺

  向曾夫人道谢！

（2004年7月5日寄）

23

文印兄：

  你好！

  清样遵嘱细读细校，发现错漏多处，皆加订正增补，有数处改动较大，如 P249 等，但又不得不改，尚请鉴谅。务请老兄于退改前再翻检一下，不知线路是否划清。本拟赴京面晤，但剑虹以天气炎热、高年出行恐有不适，不如先退改清楚，再来京核红。其意甚善。适有办公室人员焦静倩女士去京，托其送去，以免邮政有失。十天半月如改清，吾兄以为尚需再看一次，即遵命去京，一则看最后一样，再则旧友不妨一聚。

  此书为兄增无数麻烦，务恳能在重整二十四史之间"夹个"，争取早日成书。前函所言精装一事，已载在合同，祈放心。溽暑扰人，至希珍摄。顺颂

暑祺

来新夏
7.28（2004）

24

文印兄：

你好！

日前倩人送去校稿想已审阅，有二事相陈：

（一）在梁章钜所著笔记提要条又增入《枢垣记略》一则，首句云："梁章钜在上述六种笔记外，……《枢垣记略》与其他六种笔记不同。"其中"六种"二字应删去，因原意是说此书与其他一些笔记有所不同，而不仅限在梁氏六种不同。忽然想到此二字可能未删，特函请代检删去。

（二）此次细校又发现若干错漏，已尽力订正，但在勾划上不知是否清楚（有些地方较乱），请代订正。

（三）此样退改再返回时，可能将在十日或半月之后，我想是否见告，我争取再对一下改动处，未知是否需要。

拙稿不过一提要目录，属钩纂之学，不意屡次烦渎清神，实感不安，叨在知好，务请鉴谅。"廿四史"校订更属繁细，望惠予"夹个"为请。顺颂
暑祺

来新夏
7.29（2004）

25

文印兄：

来函奉到，多劳清神，容后面谢。《随录》一书积数十年心血，故不愿留一丝遗憾，想最后再看一遍。如退到您手中，请电话通知（022-

2350****），我即赴京晤面，滞留一二日即可解决，未悉尊意如何？祝

近佳

新夏

04.10.21

《书目答问汇补》已完成 2/3，明年上半年可交稿，知关厪注特闻。

26

文印兄：

日前电话告知，俟校稿到后即快邮寄下，甚感。但考虑邮递或有失误，拟请于收到日即电话通知，当派办公室专人往取，通阅后再专人送回。屡屡烦扰，出于敝帚自珍，祈见谅。

另附婚卡一纸以作通报。

专此，即颂

近佳

来新夏

11.4（2004）

27

文印兄：

你好！

尽一周之力通读一过，改正若干处，有数处请核红时注意。

（1）页 245—247《闻见瓣香录》一文，因作者生年在前，应移至页 221之后，即插入《阅微草堂笔记》与《茶余客话》之间，目录已改，但正文未移，请按目录顺序移前。

（2）戴逸序文中引本书资料所注页码，我已按此校稿改定，但核红时可能原页码有变动者，请详核订正。

（3）字号不一，如页 257"澂"字用与正文不同之极小字排入，其他尚有。

（4）有些应造之字，曾标出，但此稿却填入一些不相干之字，如页 289、290 之"嚅"字乱填一字，本稿有多处如此，请详核。

（5）有些原稿疏漏我又增订者。页 160《八纮译史》条引用书中有"通典、通志……潜确"，前数种尽人皆知，而"潜确"究为何书，一般均不晓。经反复查检，始知"潜确"为明陈仁锡所撰《潜确居类书》之略称，所以加一括注，请审定。页 488《行素斋杂记》条引陆心源赠书国子监，原稿鲁莽写入，不知下落，现经各方查询，已查明这批书在国家图书馆文津分馆，故有改动，但未动版面。

（6）各目录及索引页码均未填，请费神于制片前均填入确码。

（7）目录与正文标题、卷数、作者均核对订正，请再审定。

（8）此稿虽又认真通校一次，但校书如扫落叶，随扫随生，至请吾兄能再通审一遍，因此类也只印一次，且又为供人翻查，故尽量减少误处，不情之请祈谅。

另外：

1. 照片、小传已寄去。

2. 书名题签是否已寄去？

3. 是否需用作者自题？

4. 请选用初稿书页（直行繁体者）作书题，注明"《清人笔记随录》初稿书影"。

5. 此书合同中订为精装，请多关注。

专颂

时祺

来新夏

11.24（2004）

28

文印兄：

春节过得愉快！

《清人笔记随录》劳神之处容当面谢，《书目答问汇补》今年可望成书，当再奉请指正。

《随录》如有装就，望就近敦促，早日寄出（简 20 册、精 100 册），以便分赠友好。不情之请，祈亮察。顺颂

春祺

问曾老师好！

来新夏
05.2.16

29

文印兄：

你好！

《随录》已于上周校改好，寄冯大助理，据告已发交老兄核定，甚感忻悦。如有过细多余之处，统听卓裁。专函驰谢，容当面谢。

《书目答问汇补》已近尾声，最近又补一大藏书家韦力所藏版本一千余条，输入后即送呈批阅，原批件有李岩老总手批，当能迅立合约。

专达，祇颂

春祺

来新夏
06.3.8

30

文印兄：

你好！

呈上愚夫妇本年 6 月 26 日同日面世的两本拙作①，敬请评说为恳。顺颂

俪祺

来新夏拜上

06.6.28

31

文印兄：

暑日难耐，想能安然祛热为祷。

故乡萧山建立达 3 万平米之图书馆，特辟一室为弟设专藏，其中有手稿一项，因检家中所存残稿碎叶付之。忽忆拙作《清人笔记随录》原稿直行繁体似已少见，曾寄往贵处若干，以供书影之选，如尚能随手检得，即请赐还。若难以寻找即作罢，日后遇到时再补寄。但近时酷暑，万请勿动手，因弟近年记忆大不如昔，一时难记事，故想到即写告，并非急用，至望珍重！顺颂

近佳

新夏

8.20（2006）

---

① 指来新夏《书文化的传承》（山西古籍出版社，2006 年初版）以及焦静宜《星点集》（南开大学出版社，2006 年初版）二书。

32

文印兄：

你好！承寄下《清人笔记随录》手稿已收到，谢谢费心。家乡要点手稿，亦只是点缀升平，亦非全稿印行，有些标识足矣。吾兄万勿再劳神搜检。

暑热已过，转眼秋凉，更宜珍重！

专复，敬颂

俪祺

来新夏

06.9.8

33

文印兄：

你好！

《书目答问汇补》①初稿已定型，共千余页，达百万字，除汇补 10 家批注外，还制附录 7 种，有关研究《书目答问》资料已具集其中。

《汇补》一书原由吾兄关注，存有旧档，今仍恳吾兄责编，未知体力如何？此已与李岩说过，彼已点头。全书已通阅多遍，兄即可看版式及大体浏览翻阅一下即可。当今国学正热，此书拟早日面世以趁热闹，如蒙同意，将择日携稿前往中华，共与李岩面商，不知可否？望指示为幸。顺颂

年禧

新夏拜上

1.10（2007）

---

① 该书后由中华书局于 2011 年 4 月出版，责任编辑崔文印，署名来新夏、韦力、李国庆汇补。

34

文印兄：

您好！

日前剑虹代传尊意，十分感谢！经考虑，拟再粗修一遍，于7月上旬送交纸本一份，再由剑虹邮箱中转去电子本一份，则排版可省力，不知与您八月份出国是否合适。

合同一事已嘱剑虹协办，此次打印前期投入较多，是否可与李岩商量一下，稿酬能否提高些（以前批件为40元），量力而为，万勿为难，能问世已是阿弥陀佛了。

关于叙言问题，因我体力尚未完全恢复，拟稍后补交，即在清样时补入，可暂不言及，望能周全。

专颂

暑祺

来新夏

07.6.13

35

文印兄：

两函并收，谢谢。

《汇补》一书经营数十年，吾兄鼓励推动之功不可没。拙叙移前，尤蒙垂注。而克期发稿，将使拙稿早日服务社会，亦当共庆。

书局至今不发合同，已敦促剑虹催办，必要时我当亲函李岩，吾兄尽可放心。

月之下旬将有欧洲之西共聚天伦，亦人生一大乐事。顺祝一路平安为颂。即候

暑祺

来新夏
07.8.1

曾夫人同此不另。

36

文印兄：

您好！

《书目答问汇补》终于定稿，现请李国庆君送京面呈，内容经再三斟酌，附录亦非任意增入，确是有益学人之附，务恳老兄坚持，勿作删削。

书名由我手写制成，尚能入目。

版式请作 16 开本，疏朗一些，大方一些。作清样后，请赐一份细校，减少误点。

附有光盘可能方便些，私衷望能年内见书，又为老兄添乱。

附呈杂志二份，内有《汇补》序及《书目》，请指正。

《汇补》问世之初，当请老兄写一较长评介鼓而呼之，烦审稿过程中即留意特点，先此感谢。如有所教，请赐函为荷。耑此，顺颂

俪祺

来新夏
08.6.17

37

文印兄：

来信收到，为了我的几本书，拖累老兄受了不少窝囊气，这里作揖了。

《随录》样书二册已收到，这是冯大官人电话亲口告我已寄出，不意贵人多忘事，又麻烦老兄。不问过程只问结果，能收到两本样书也算好结果。

《书目答问汇补》李国庆很得力，也懂行，有事尽管吩咐。他手下有一帮人，他是花果山上猴王，小猴成群，改盘尽可找他，免得与书局怄闲气。

《知见录》①很有趣。我增订时，山西古籍约此书，我也同意。后李岩与山古张继红要此稿，张让了，就交给汉学室。等到我将完稿订约，晨光电话告我千字25元，我不同意，涨至30，我撤回意向。春节时，李岩亲自打电话来，涨至50（岳麓曾以此条件来索），因彼此老关系就定约。大概9月份交稿，百余万字，由李晨光责编，你看多有趣。

天气太热，万望珍重。致

凉爽

新夏
08.7.28

38

文印兄：

前次来津，招待诸多不周，尚祈见谅！

尊作《籍海零拾》，拙作序言，当时分寄《书品》及《文汇读书周报》，两处尚给面子，均已发表。《书品》梁彦当送呈，而《文汇》或未订阅，特寄样报一页供存档。

《汇补》正在详校，竣后即送呈。耑颂

新年好

来新夏
09.12.20

---

① 指来新夏《近三百年人物年谱知见录》，原书由上海人民出版社于1983年4月出版，增订后交中华书局于2010年12月再版。

39

文印兄：

您俩好！

李国庆送稿回来，据告甚得吾兄嘉许，心甚愧怍。近年为《汇补》有劳心血，容后相报。

封面不知如何设计，能否采弟之拙墨（附样），尚请裁定。而弟颇思留笔墨于人间，一笑而已。甚望年内见书，亲见成书亦一乐也。专托，祗颂

暑祺

新夏拜
7.14（2010）

40

文印兄：

你好，今有一不快事诉诸老友。

《书品》第六期发一李某评《清人笔记随录》一文，本为常事，不足为怪，但此文前曾由《文汇周报》未发而转给我，我即专函复李，一则我已于05年在《文汇》正式发表《自纠状》一文，再则08年二版均已改正，而中华二版由冯宝志亲自安排改排订正，当在胸中，《书品》冯又为主编，如此令人遗憾。老兄被我株连，十分不安。我已写回应文章，附去一看，得便望与李岩一谈。回应稿已寄梁彦，请其"必发"，兄亦不必协调，望兄亦勿动气。专此，顺颂

年祺

新夏
12.23（2010）

41

文印兄：

来函奉到。本待吾兄鸿文刊发，仗义执言，不意陈福康君先期著文，致使吾兄搁笔，深以为憾，但援手之情可感。

陈君自发为文，亦路见不平之谊。我于其刊出始读其文，文章颇有深度，批驳而无恶语，颇存宽厚，至此亦可罢手，得饶人处且饶人。后辈鲁莽，令其自汲教训可也。

晨光已电话告知《汇补》当于下月初问世，足酬吾二人数十年之望。《知见录》与《汇补》先后问世，达二百余万字，望九之年得亲见巨帙出版，亦可谓大吉祥也！苦在两地，否则当拊掌仰啸，共浮大白也！望物色《汇补》评介者，至托。专颂

俪祺

来新夏

2.28（2011）

致施宣圆 6通

施宣圆（1941—2016），福建晋江人，《文汇报》高级编辑。

1

宣圆同志：

我前在教育部出席一个审稿会，27日返家见到大札，始知小稿拟发并问及《清史研究》一事，现简复如次：

去年九月在北戴河会议上，我曾在大会上发言，会后即将发言稿誊清，由王思治同志拿走。当时可能是一般习惯作法，或在内部发作通讯。后承邀约写点东西，我在回校后即就发言作了整理，正式写成文，于十月初（或九月底）寄你处，至年底始获惠告，拟在元旦后刊发并附清样，但至二月尚未见发，我想你不易发又碍于面子不便退回。二月初，知道《清史通讯》要发此讲话，我一则想到你处已逾半年，可能已失时间性不拟刊发，又不好去问究竟发否，所以未表示异议。今来信言你已见到目录（我至今未见《清史研究》目录），即你处一稿即可不发，我也不会有任何意见，因一点想法无须发两处。而你又说要在28日报上发，我已无法止发，只得向你表示歉意。如你报领导问及，你可申明责任在我，没有及时取得联系造成，以免使你为难。不知你意如何，如需我再作其他说明，也尽速告知以便照办。总之，不能使你的一番好心遭到非难，这是一种道义责任。

我最近课程、开会都比较多，而年过花甲，精力已衰，垂暮之年也不能多所作为了。下月初即去武汉出席开全国图书教育改革会议，中旬到洛阳开哲学社会科学规划会，奔波忙碌，使原有不太深厚的存底也已见底了。如不及时坐下来充实一下，恐怕难在学术上有发言权了。

谢谢你对枣庄一位不知名作者的大力扶助，正以见你所具备的一种编辑道德，我应向你学习。

这一小稿实在给你制造了麻烦，再一次表示我的歉意。耑复，祇颂
著祺

来新夏
3.27 晚（1983）

2

宣圆老兄：

多日未通音讯，想近况佳胜为祷。日前，沈渭滨同志告知他曾为我写一学者介绍，已承吾兄同意刊发，急需小照附入。上半年因弟膺选天津高教系统优秀教师，特由市派人专为照一小影，以备悬挂广告栏内，故效果尚佳，又是最近照片，特寄请审用。弟十月上中旬间可能去复旦讲课，沈稿发表，请寄二张以备存档。专达，祇颂
编祺

来新夏
90.9.1

3

宣圆兄：

久疏音问，日前转到大札，老友不遗在远，衷心甚慰。数十年交往犹如昨日，而今我已离休六年，满头银发，一切迟缓，亦无可奈何之事，所幸思维尚佳，不时应邀作一小文，于日用亦不无小补，不意拙文竟入方家之目。

"学林"为旧园地，本当奉献，惟因不知是否仍由老兄主政，未敢冒昧投稿，今遵嘱寄奉手头一文，为对近日中华所出《文献家通考》一书之评说。

作者郑伟章入仕后不忘读书，20 年积累成一巨著，百余万字，共订 3 册。我见其书为近年少有之力作，故应邀为其写评。郑君日前已奉派赴澳大利亚任参赞，此文无虚夸处，未知能否入选。如不合刊旨，万勿勉强，我当另作文呈阅。便中请寄数期"学林"，以便体会要求。

上半年应戴逸之邀，成一随笔集《一苇争流》，望赐告详细地址（家），以便寄请指正。

我身体尚好，只是老伴瘫痪，已卧床年余，经济、精神二压力甚难解脱。谨祝

阖府康泰

来新夏

9.12（1999）

收到信，即电府上，告出差去了。

我的住址、电话均见名片，请按此联系，否则辗转耗时。

附上五月份在讲座上所照，老夫老矣，留作纪念。

4

宣圆兄：

昨发一稿《乾嘉史学三家》[①]，今晨检机发现有数处空缺未填，特再寄校正稿一份，请用此份为托，劳神处谅之。

近佳

来新夏

11.28（1999）

稿费单收到，谢谢。但财会写成"米新夏"，取时可能费点唇舌，请转告财会，"来"非"米"。

---

① 该文后刊发于《文汇报·学林》2000 年 1 月 22 日。

5

宣圆兄：

  前寄启先生论学书，恐难在贵刊用，弃之可也。今年是陈垣先生 120 年诞辰，我应邀写了篇文稿原拟在《中华读书报》发，但因老兄多次责我不交好稿，故将此用心之作送老兄审正，可惜文字稍长（3000 字左右），不知能采用否？不用请电告，弟再别投。专颂

暑祺

来新夏
7.14（2000）

6

施兄：

  你好，承大笔写评拙文，暑热执笔，甚感不安，拜读之余，愧疚不已。弟所为远不如施笔所述。全文无意见，惟 2 至 6 页述弟《知见录》等三书篇幅过大，与题意不切，弟意此三书评说宜删或简括为一小段，点到为止，所言坦率，望谅察为幸。专颂

秋祺

来新夏
7.20（2011）

致李全祥　2通

李全祥（1941—　），山西平遥人，平遥县副县长。

1

李县长：

前去一信谅已收到。

我回来后，因正在学期末比较忙，稍闲后即写了一篇《平遥古城》，纪念我去平遥一事，即交发行量甚广的《今晚报》，昨日已见报。特寄去请指正，并望复印一份交老冀。专颂

夏祺

来新夏

99.7.19

2

李县长：

你好！前寄去《平遥古城》一稿，想已青览。最近又为《光明日报》写一文《官箴》，介绍平遥县衙古联，这样比直接介绍更有意义，特寄请审阅。专颂

秋祺

来新夏

8.20（1999）

致杨东梁　1通

杨东梁（1942—　），湖南岳阳人，中国人民大学图书馆馆长。

东梁同志：

您好！

来函奉悉。承邀参加修订委员会，至感荣幸，盛情厚谊，义难推脱，设有所命，定当效力。惟四月初至六月初有美国哥伦比亚大学讲学之行，未知有无影响。

王立清系我系硕士研究生，曾从我专攻图书事业方向，具有双学位资格，为人颇好，工作负责，历年获奖，已蒙贵馆录用，今后尚祈严加要求，扶植成长，专此奉恳。顺颂

著祺

来新夏

91.3.20

致申建国、宗琳 1通

　　申建国（1943— ），河南商丘人，河北省晋州市文联主席，魏征文化研究会会长。

　　宗琳（1945— ），山东蓬莱人，晋州市科技局副局长，申建国先生夫人。

建国、宗琳：

　　你们好！

　　来信收到。

　　年老力衰，大字已难写，既看不准，又手有微颤，只能写一小字笺回复，请原谅。祝

　　一切顺利！

来新夏
09.3.5

希望有更多的魏徵

己丑初春题《再论魏徵》

萧山来新夏学书

2009年3月5日致申建国、宗琳信所附签条

致常海成　1通

常海成（1943—　），河北衡水人，《冀州市志》主编。

常先生：

　　你好！

　　寄来书刊已收到，谢谢！前嘱撰《冀州市志》序，因篇幅较大，精力不济，阅读进展甚慢，而多年习惯非读全书不动笔，致延误时间，屡烦周金冠先生与您电话敦促，实感愧疚不已，尚祈原谅。

　　读志将近一月，而撰志序又三易其稿，迟迟交稿，尚有不当，请订正。现快递寄去，收到请见告。专此，顺颂

秋祺

来新夏
2012.10.23

致梁滨久 2通

梁滨久（1943— ），山东龙口人，黑龙江省地方志办公室编审。

1

滨久同志：

德恒转来书稿，因公私猬集，匆匆一读，未能得其要领，读后为题小文，可否作序，尚希卓裁。耑复，祗颂

著祺

来新夏
89.1.16

2

滨久先生：

你好！

大作收到，谢谢。如此方志研究之作，尚所罕见，而所论又多为理论实践结合之作，更属难能，望尘莫及，诚深惶恐。

前者不察，误书先生年龄，近为山西任君撰序，始得曹振武兄纠正，愧甚，尚望鉴谅。专达，祗颂

暑祺

来新夏
8.7（1999）

致居蜜 4 通

居蜜（1944— ），湖北广济（今武穴）人，美国国会图书馆亚洲学术研究部主任。

1

居蜜女士：

你好！

FAX 已收到，因有些思考，迟复为歉！

（1）善本书目我已看到，各书版本价值甚高，亦有一定的史料价值，但是否都是当前大陆社会所急需，出版条件如何，均应考虑，我的意见是：A. 暂不印行本书。B. 编制《国会图书馆善本书提要》，供有需用者检索。

（2）我对你处所藏山东方志 300 余种有兴趣，每种前撰写一篇《出版说明》（2000 字左右），可以承担全部项目，组织人员由我审定，具体办法待居蜜女士来北京时面商。

（3）我已与张颖女士通电话，她春节时来取书。祝

春节好

来新夏
05.2.6

第 40 种《张祥河奏稿》，张祥河是清人还是明人，请见告。代向华伟兄致意，祝春节好。

2

居蜜女士：

您好！

前发FAX想已收到。

我对善本中的二种有兴趣：

（1）40《张祥河奏稿》

（2）69《西槎汇草》

上二种愿承担撰文。

山东省方志300种，我愿全部承担编写提要工作。

拙作《清人笔记随录》呈上一册，体例是否合适？祝春节好

来新夏

05.2.8

3

居蜜女士：

您好！

收到传真后即与上图联系，经反复查询，上图确藏有《溃痈流毒》。另本书前有内藤小序，则知中美二藏本即内藤所钞，二本惟序跋内容不同，但上图所藏为一函四册四卷，而国会所藏为六卷，不知不同为何，甚望惠寄六卷本目录以相核对，但传真不清楚，请用邮寄。附上中方藏本序及题词藏章。即颂

春祺

来新夏

四月二十日（2005）

上图藏《溃痈流毒》本序：

  原本系京都府立图书馆所藏，余尝语汪穰卿舍人，以其有益鸦片战役史事。穰卿欲任印行，余为录副二分。未成而穰卿即世。后以一分贻罗叔言参事，今以一分奉赠菊生先生，能为我印行此书以成穰卿未竟之志乎？

庚午九月　虎

  另，在目录页之首有张元济题词一行："此书为日本内藤虎次郎所赠，恐今后无以慰两死友之望矣。菊生。"

目录页钤有三藏章：

□←上海图书馆藏（阳文）

□←合众图书馆藏书印（阳文）

□←张印元济（阴文）

4

居蜜女士妆次：

  您好！在京一别，瞬近一年，想起居安康为颂。前承邀约，介入国会图书馆善本藏书整理问世等事，深感您热心中华传统文化之深情，不胜敬佩。所嘱整理《溃痈流毒》及《张祥河奏稿》自当遵办。二书扫描本已由广西某出版社寄来复印本，目前正在整理中，并拟于适当时机去上海核对《溃痈流毒》另一抄本，但不知出版诸事如何处理，尚待见告。今有一事奉托，请予帮助。北京大学中国古文献研究中心（教育部基地之一）有一课题为《美国公藏宋元版汉籍图录》，由该中心海外汉学研究室主任曹亦冰女士领衔，我被推为该项目学术顾问，于课题进展时有关注。曹女士于古文献整理研究多年，颇著成绩，拟于本月二十日率研究人员数人赴华府等地采访资料。素知贵馆入藏珍本甚富，而您又热心学术传播，我原拟同往，奈以高年不耐远

《津图学刊》编辑部

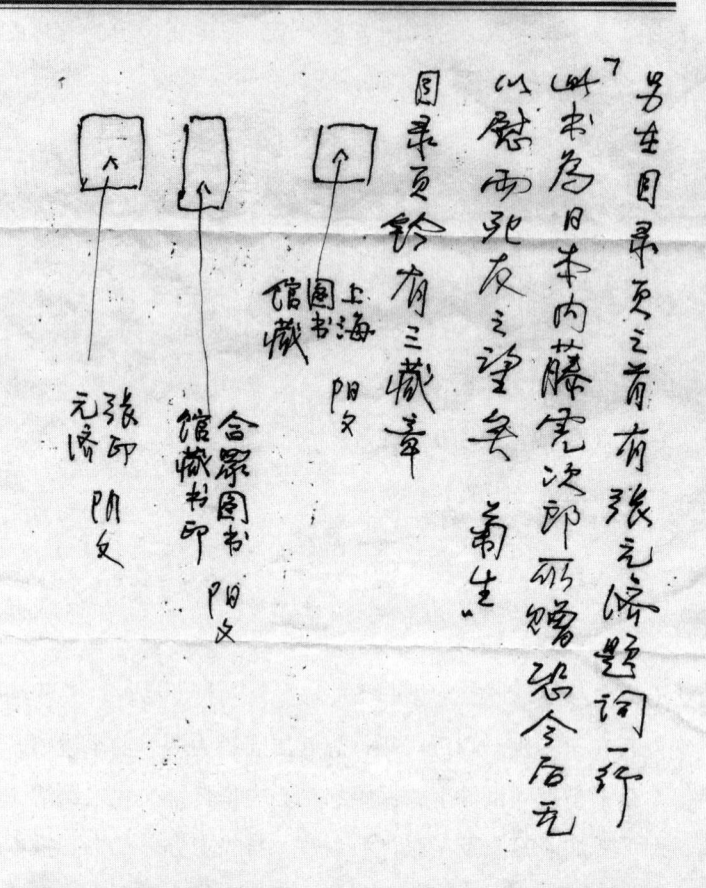

另左图录页之首有张元济题词一行，此书为日本内藤虎次郎所赠，恐今后无以慰雨亚友之望矣 菊生"

图录页钤有三藏章

上海图书馆藏

合众图书馆藏书印 阳文

张印 阳文

元济 阴文

地址：天津师范大学北院图书馆108室
电话：(022)23541460 23540977
邮编：300073

2005年4月20日致居蜜信末页

行，特备专函请曹女士面呈，务请格外关照。如有费用规定亦请告知，若予优惠不胜感谢。日后您在国内大量整理出版馆藏珍籍，曹女士亦颇可借助。叨在知好，尚祈谅其不情之请，若有所命，仍请远洋电话告知，定当效力。

华伟兄处另具专函奉候。专此奉恳，顺颂

近佳

来新夏

二〇〇六年四月

致柴剑虹　8通

柴剑虹（1944—　），浙江杭州人，中华书局编审，敦煌学专家。

1

剑虹兄：

你好！

近期想当回京，前嘱为《戴谱》①写评介，因篇幅较大，历时半月余，始匆匆通读一过，写成一文，虽已用心，但尚唯惬意，特寄请审正。内容若有不当，敬祈斧正。如尚可一读，请转《书品》为荷。戴先生对年谱体例看法颇有十里芳草之意，拙作《林则徐年谱》编写体例颇有相合处，日后有机当请代为转送《林谱》与戴，以相切磋。顺颂

秋祺

来新夏上

04.8.19

2

剑虹兄：

你好！

---

① 指[法]戴廷杰《戴名世年谱》，中华书局，2004年5月初版，责任编辑柴剑虹。来新夏后有《一部外国人研究中国文字狱的专著：读〈戴名世年谱〉》一文，刊于《文汇读书周报》2004年第10期。

重寄《戴谱》书评，结尾已补足，便中祈转《书品》，是否需先征求作者意见，请酌定。

拙作《随录》是否已对红，我希望看一次最后清样。如有，电话通知我，即应召去京，请代联系。

专此，顺颂

秋祺

新夏
04.8.30

3

剑虹兄：

你好！

前者因元白师处于危急，乃删定旧稿，写成《元白先生的豁达》以祈福，后在《老年时报》发表。现寄奉或可供吾兄撰传之参考。

我24—26日将去京参加魏征研讨会（两岸合办），或谋一晤。专颂

夏祺

新夏
6.10（2005）

4

剑虹：

绍兴之行，想必顺畅。

6月26日，我的新作《书文化的传承》与焦静宜的文集《星点集》同日问世，送请审正，并容愚夫妇同栖于尊寓插架，不胜荣幸。专颂

暑祺

来新夏
2006.6.28

5

剑虹：

  与几个老学生乱侃，共写了一本消闲书。①寄上二册，一赠你，一请转崔兄，或可备茶余饭后一读。顺颂

年禧

新夏
1.15（2007）

6

剑虹：

  你好！

  近日成小儿科一书《谈史说戏》，系当年与数少年朋友（现亦均入老年）的消闲之作，今又增订问世，虽为遣兴之作，但也颇尽考订之功，冀以此挽"戏说"之误导。

  赠二册，一赠君，一请转赠文印兄。

  又，文印昨日来函，明确表示愿任责编玉成其事，你尚需从旁协调襄助。

  即颂

年禧

新夏
1.17（2007）

---

① 指来新夏、马铁汉主编《谈史说戏》，山东画报出版社，2007年1月版。

7

剑虹老弟：

你好！

近搜集 80—89 年间随笔约 20 万字左右，为自祝明年晋九之乐，因一生已在各名社出书，而商务付阙，前请探询。为便于了解，特寄上初步目录供参考，并望近期能有决断。专托，即颂

近佳

新夏
7.15（2010）

书名《杖朝集》取"八十杖于朝"之意。①

8

剑虹：

推荐书同意所撰内容，已签名并加注学术身份，以利推荐，未知可否。

大作同时收到，事涉专学，未能置言。遵嘱读赴台日记，有真实感，颇获知识与情趣，无日记文学雕饰痕迹。

手颤字不成体，乞谅。

专此，顺致

福祉

来新夏
11.22（2013）

---

① 该书稿后以《不辍集》为名，由商务印书馆于 2012 年 4 月出版。

致张梦阳　1通

张梦阳（1945—　），山东临清人，中国社会科学院文学研究所研究员。

梦阳：

　　我很抱歉，我因为闲暇无事，随手拿起你寄来的单印本《谒无名思想家墓》的长诗，一气读完，心在颤，面颊上流着不知什么时候流下来的泪。我惭愧，我亵渎了你的诗。"苏格拉底"和"俏儿"是一对真正的凤凰，"苏格拉底"的执着忠诚与"俏儿"的善良大爱，不管他们是否实有其人，但你把社会的罪恶与不平的双刃剑戳向人们的良心。我早已不哭了，因为我经历了太多的折磨、太久的不公，但是我懦弱没有反抗，只有"引颈就戮"。人家说我什么，我都会笑脸相迎，把泪水倒流进肚里，但你的诗掘开了我心灵的缺口。我高兴我有泪水，到了送别那几章，到了俏儿一家的毁灭，我哭出声来。梦阳，你太残酷，你居然用笔写下这么令人心痛的往事。这薄薄的自印诗集要比你那本正式出版的精品集值得珍惜多，这首长诗不需再修改，因为它让一位已经淡定漫步在走向百岁行程中的老者感动了，停下脚步回头再审视，记住这些人。感谢你梦阳，启动一颗渐渐沉寂的心再图一搏，谢谢。含着泪拉杂地写这些送给你。致
敬意

来新夏
4.3（2013）

致虞信棠　12 通

虞信棠（1946— ），浙江慈溪人，上海人民出版社编审。

1

信棠同志：

你好！

你 10 月 30 日致焦静宜同志函已交我看过，深感道义友情，力任艰巨，容当面谢。

前者收到校样二包，一直无信件，所以不知何要求。中间我与小焦均先后致函王界云同志，但均未赐复（我与界云同志曾见过面，并非生人），最后只得请小焦致函，很快得到复函。当时我在烟台，回校后读信感到你负责认真为读者、为朋友之精神，我即动手阅读，现将第四册阅毕，先行寄上，以便改版。

徐跃同志对此稿确是拖沓，否则不致如此，而且少年气盛，不善接受意见（我曾多次写信建议，均遭不满），而自视又高，但编辑业务不甚熟悉，此稿如今落到此境，真使人哭笑不得。我在美、日等国均被学术界问到，尤其日本学者说话比较尖刻，认为有了章伯锋所编 6 册（湖北出版）[①]，已能包容，所以你下面几册就无法出。我一再申明：决无此事，不久即可全部面世，上海人民出版社是个知名大社，不会作虎头蛇尾之事，而且是"资料丛

[①] 指章伯锋、李宗一主编《北洋军阀（1912—1928）》6 卷本，武汉出版社，1990 年 6 月初版。

刊"最后一套，一定会出。他们表示信任和拭目以待。这决非我随便一说，而是在一次辛亥革命研讨会上，一些日本学者的关切，前几次信曾提到过，但说得不详细，可能未引起重视。

你来通读四、五册，不仅是我们编者之幸，也是读者之幸。统观全稿，现已较好，我用蓝笔作了最后订正，有的地方还加了文字说明。

一、二、三册我处均留有清样，因最近在开始撰写《北洋军阀史》（二巨册 80 万字，已列入国家教委 85 教材规划中），除中方学者外，还有日本学者参加，估计 94 年定稿，所以需参考四、五册清样。如可能，请赐寄一份清样。

此书出版"已可企及"，甚感忻慰。尚请鼎力促成，并请王界云同志支持。

专此，祗颂

近佳

来新夏

11.20（1992）

2

信棠兄：

你好，昨日通话，不忘旧情，承允关照，甚感。

《中国近代图书事业史》为原由贵社"文化丛书"中之一种，后继之议，早有所论，又历多年始成近代部分。①愚意仍在上社接手，庶成完璧。

此书近 30 万字，由 1840 至 1949 年止，以史为线，以图书为中心，围绕论其典藏、整理、出版、流通诸端，凡近代新生事物如出版业、译书、西方目录学入华、官书局等等无不涉及，当前尚无此类著作，请吾兄全力玉成。

---

① 1990 年 4 月，上海人民出版社出版来新夏等著《中国古代图书事业史》一书，该书为"中国文化史丛书"之一种，并由虞信棠担任责任编辑，故有此说。《中国近代图书事业史》后由上海人民出版社于 2000 年 12 月出版，虞信棠依旧担任责任编辑。

如蒙定议，当于五月份交打印稿（包括盘）。以有前书，故先向上社提出，一切理由均在忆中。至盼早日见复为荷。专致

春祺

来新夏
98.3.8

3

信棠同志：

你好！前承惠告，不日即掷下合同。迄今已近一月尚未收到，深恐中途有变，忐忑多日。因我将于月底赴港澳台，颇望能在行前签约，以慰远行之心。叨在知好，冒昧催促，至祈见谅。专颂

近佳

来新夏
98.11.7

4

信棠先生：

你好！拙作年来多承关注，劳渎清神，叨在知友，不再言谢。

前者电话中承告拙著已接受，并订明年上半年出书，不仅老夫掀髯而笑，即及门诸弟子亦多欣然，并悉不日即确定稿酬，寄下合同。近已逾两周，无日不翘首以待，至祈拨冗办理，以慰悬念。屡屡烦渎，尚祈谅其心情，专此拜恳。祇颂

编祺

来新夏
9.6（1999）

5

信棠先生：

  你好！

  前此电话相告，拙作已蒙接受并即寄合同。迟之数周，又专函奉问，迄无回信。私衷揣测是否又遇枝节，皇皇不已。如实有难处，亦望见告。年余为鄙人之事多有打扰增烦，叨在知好，当不我怪。至望赐我一纸为请。专颂
秋祺

来新夏
10.2（1999）

6

信棠先生：

  你好！

  在沪多承照顾接待，并与顾总面晤，敲定书稿，甚感。

  回津后，即将你处寄挂信号码通知津邮局查询，当日即将来信送来，原因是"地址不明，无法投递，存局待查"。我一看信封，原来老兄匆忙间将一重要地名遗漏，即"北村"二字，又是挂号无人代收，邮戳是上海9月10日发，天津9月19日到，辗转一月，回局存查。现已定新约，此件已无意义，特奉还。

  小柳所需《出版问题》一书，津地无此书，是否请与陈昕联系，说明系我求此书，尽快见寄，以便参考。麻烦。即致
近好

来新夏
10.27（1999）

7

信棠兄：

　　你好！拙编《中国近代图书事业史》承多方关照，获准接受，不胜感谢。并定于 2000 年出版，尤感欣慰，未知是否已付运作。因全书核对增补需由柳家英女士承担，而柳女士 5 月份通过答辩，6 月份即将离校，弟甚盼能在近期将修改稿见告，以俾早日面世。

　　我因工作无节制，上月十六日心脏病发作，经住院诊治近 20 天，已告恢复，并于 3 月 3 日出院回家。看来的确老了，所以更盼能将若干未了工作结束，免留后患，想吾兄当能谅其心情。专托，祗颂

春祺

来新夏
00.3.10

8

信棠先生：

　　您好！拙稿自退修后即由二位研究生从头至尾核对一下，最后我又从头到尾通读订正一下，确是订正了若干失误。但此方气候奇热，我又年高，少有不适，是否已做到令您满意，不敢自说，但确是尽了心。至请您在发排进行程序处理时再给帮助。为赶六月内发排，特快寄上。照片已选好，正在冲印，下周当另邮寄上。此问

近佳

来新夏拜上
6.23（2000）

9

信棠先生：

　　谢谢你对拙著的关心与帮助，遵嘱我和家英放下一切工作，用了一周时间，认真仔细地作了校订，改正不计其数，真让人出冷汗。虽然如此，我仍然不敢拍胸脯，真是江湖越老，胆子越小，但终要见公婆的，所以务恳您再把一次关，有几点说明：

　　一、一切以红笔改定为准，其他改处一律无效，原稿上改动处几乎 90%以上是改错、乱改：如"大吏"误改为"大使"，"译介"乱改为"译解"，"经折"误改为"经拆"，"翔实"乱改为"详实"，不一一枚举，想系新手，我已改订，请勿再说。

　　二、有些插图位置插错，我在当页上作了说明，务请改正。有一插图无说明，请增入。

　　三、页 336 以下编码有漏，335 下的白页应有暗码而没有。所以下文正反单双页不合了。

　　四、插图较暗，不知能否更清晰点。

　　五、一切改正均见清样上。

　　六、务请您再从头到尾翻一遍，看改订是否有误，我的一些改正说明是否清楚。如有问题，请及时电询，以求补救。

　　多年不打夜班，此稿破例作了两个夜工，真是春蚕蜡炬之叹，要好好歇两天了。

　　再一次感谢您的援手与帮助，为我的那些学生谢谢你。专颂
近好

新夏
11.26 夜 11 时（2000）

10

信棠先生：

  你好！拙稿已承审读竣事，现借徐建华教授去沪之便，托其往取带回，并请见告修改要点，以便早日返回，争取年内见书。专托，祇颂

春祺

来新夏
4.30（2008）

11

信棠：

  你好！

  《中国图书事业史》[①]清样用了近二十天时间看完，有几点想法奉告：

  （1）全书合一得很好，衔接得天衣无缝，无论是体例、内容，都调整得很恰当。我完全同意这种改动。

  （2）全书用铅笔改错的地方，有些不错，保留；有些可能是不必改，如引文应照原文，不要擅改。我已做了记号，把改错处用红笔划掉，把圈掉的原字用红笔打一△形。

  （3）全书有些小改动，或删或添，均请再审定。

  （4）古、近代之间有某些在清代已记述，在鸦战前又有重复，我已做适当删定，请再核阅。

  （5）古代部分原有铜版图，近代部分原有随文图，均请保留，可统一放在新书卷首。现在书重看图，虽然量大些，但也请有卷首图页，拜托。

  （6）作者署名，原皆署"来新夏等著"，现新书省"等"字不妥，因是不少人参与过，写"等"比较好。又，"来"字不要错。

---

  ① 来新夏《中国图书事业史》，上海人民出版社，2009年4月初版。该书系《中国古代图书事业史》《中国近代图书事业史》基础上删订整合而成，信10—13即围绕此书的编校展开。

（7）我的后记已按你们审读报告中要求，把前二书缘由及合一后新书情况写入，对你和毛先生的辛劳也记述。

（8）二书合一的工作主要是你和毛先生的力量，所以一定要有酬，请在稿费中划出二位的份额。既是老朋友，千万不要客气。

（9）是书需要照片和简历么？

意犹未尽，想到再说，先此布陈。顺颂

公绥

来新夏

08.10.31

12

信棠兄：

你好，所嘱诸事已办妥寄上，说明如下：

（一）关于插图

1. 共十八幅，希望有四叶八面卷首图。

2. 所附各图只供选用，如感有与本书有关又能选用者，请全权办理。

3. 原图有说明，现序即注明见图版××。

4. 说明文字可删改。

5. 插图目录顺序与图片后次序相应。

（二）简历等

1. 照片是 2008 年近影，如电脑处理时，将面前扩音器消除最好。

2. 账号及身份证复印件在一起。

3. 简历文字请删定。

（三）各种照片请用后赐还

有事请随时联系。全家好！

来新夏

11.11（2008）

致冀有贵 17 通

冀有贵（1947— ），山西平遥人，《平遥县志》总纂，书法家。

1

有贵先生雅鉴：

日前承枉顾舍间，未获招待为歉。尊著多篇已尽三日之力阅毕，具见数年辛劳，至堪钦敬！拜读之余，略有所见，或可备参考：

（一）各篇内容充实，文字平顺可读。

（二）尽量少用套语、惯用语，如"第一代社会主义新方志"久为人熟知，第一代必然是新，有辞费之感。

（三）目录安排比较妥当，有些篇章定名不易区分，如"经济变革"与"体制改革"如何界定？"经济变革"章下出现"农业体制改革"一节，与下一章"农业改革"有何区别？

（四）概述甚好，突出地方特点，有完整概念，文字也好。

（五）章节之下平列叙述，如能增一小序，则同类内容之节可有全面认识。

（六）"旅游"一章内容单薄，有些简称标题不洽，"游乐购"不知所言为何。

（七）"旅游资源"过简，看不出平遥旅游资源之丰富程度。

（八）所附诗词与丛录所收有无重复？似归于附录为宜。

（九）传记与传略划界不清，何者入记，何者入略，有无标准？据来谈时相告，以生卒不详者入略。而记中也有若干生卒不详者，应有明确标准。

（十）古代人物入传过宽。

（十一）对人物用字应准确，如任官有具体职衔，如孙资不得用重臣或首要谋臣，在魏而言，孙资是谋臣，但是否首要，值得斟酌。

（十二）传记事迹不完整，有数传无晚年事迹。

（十三）知名人士概念不确切，什么样人才算知名人士，以改作。

（十四）丛录所收有参考价值，传说、诗词等似应多搜集些。

以上只是一孔之见，仅供参考。专此，即颂

编祺

来新夏上

99.4.19

向县长和孙爱英主任问好。

2

有贵先生：

大事记已收到，经审阅。

（一）总体可用，合乎体例。

（二）古代部分，缺朝部分是否能再找到资料补充，如两晋应有大事。

（三）选择大事标准望能确定，如县内设科是否分条入记。

（四）古代部分沿用旧志内容应考虑文字改写，否则前后行文不统一。

（五）用词有可推敲处，如光绪二十六年，平遥知县镇压义和团，不能说"步清廷后尘"，而是"奉命"；民国元年满清知县，"满清"二字规定不使用，改为"原知县光熙逃走"即可。

（六）要注意古、近、现各时期比例，建国后事多，应严格去取。

即颂

近佳

来新夏

4.24（1999）

3

有贵先生：

  你好！

  前在平遥照片及底片寄请查收，焦静宜教授另寄去《草诀歌》。我前者为平遥县衙联写了一篇《官箴》发表在《光明日报》上，剪寄参考，这是一种介绍名地的写法，比直接点名某地更能引人注意，请指教。专颂

秋祺

来新夏
8.26（1999）

4

有贵先生：

  你好！

  从平遥回来写了一篇《平遥古城》的文章，在天津《今晚报》发表，引起该报副刊部主任吴裕成先生对平遥的兴趣。他想去访问写文章，希望你们能接待一下。请你请示县长，能替他承担些费用否？成否都无所谓，我只是想能有机会宣传一下平遥。此问

暑祺

来新夏
9.23（1999）

5

有贵先生文席：

  来函奉到，拜读尊撰《平遥古城志》纲目甚有收益，略贡浅见供参考。

  （一）全书纲目基本可用，既以古城为名，则应围绕古城为中心，不必

面面俱到。

（二）人物已有县志在，不必再设人物篇，名人名事突出一点甚好！

（三）卷一、二、五、六均可。

（四）卷三、四的"商业""金融"二词太现代化，与古城味道不协调，二卷似可合一，名"古城懋迁"。

（五）卷七"管理"不宜设专卷，因主要是写古城，管理问题可在卷首总述中谈，比较合适。

（六）卷八"古城旅游"纯为指南性，设专卷降低本书品位，可降入卷九"古城纪事"下，与附录合为一卷。

（七）镇国、双林二寺为古城成为国际名城的主要成分，不应打入卷余，应列入"寺观庙堂"目之首。如何理解古城概念，二寺是古城不可分割部分。

"寺观庙堂"部分可按教派不同划分，加小标题，如佛、道、基督等以醒眉目。

所见是否得当，尚请裁定。即颂
年禧

来新夏
2000.12.23

6

有贵先生：

前次来津，以你忽患胃疾，我以高年体衰未获亲加照顾，歉甚！祈谅！

《古城志》已全部读毕，甚有作意。撰序一篇，于县志与古城志嬗变关系、你历年备著辛劳及人品学识多用浓墨，但一本事实，毫无虚谀。打印两份，一份署名在前，一份署名在后且加教衔。何者适用，请酌加选用，文字也可改动。

收到请电话告之。

曹老来舍见访，我已将另一份请转《沧桑》。专祝
春禧

新夏
2.1（2002）

7

有贵：

　　来信收到，晋中改序稿亦收到。所改不过为官争一笔而已，了无新意。你之人品一笔勾销，甚为人间不平。我一生忼直，不媚权贵（何况此类官尚不足称权贵。我若能降志辱身，早已平步青云），而于淹没底层之志士则力为鼓吹，故已收原稿交《沧桑》发表，立案存查，还我本来。

　　现将改序寄回，请酌处。即问
近佳

来新夏
2002.3.17

　　启先生全国政协会后颇疲劳，身体欠佳，我亦正准备动白内障手术，拟四月间赴京一商。

8

有贵先生：

　　你好！谢谢你的贺卡。

　　我一切照常，只是视力减退，看书有些困难，写字也凭感觉，大概是老的现象，听之而已。

　　有一事相托，内子焦静宜有两弟近置新居，平素在我家曾见过墨宝，甚为仰慕，现拟敬求法书两幅，分题"大为""大有"之名。新房欠高，条幅不要过长过阔，各赐李、杜诗一首即幸甚。不情之请，尚希见谅。专祝

新年好

来新夏拜
2005.12.20

9

有贵先生：

来函并法书三幅敬领。

先生书法我早已敬重，惜隐居僻乡，未遑展有。而不佞又无推毂之能，实感愧疚，每有论及，不胜嗟叹。时有不情之请，屡渎清神，尤感不安，当蒙谅察。不佞自八十以后日非一日，体力见衰，目力尤眊，看字写字更为困难，全仗手势熟悉。匆匆数十年，不知老之已至，惟乐天知命而已。专复，顺颂

春节好

来新夏拜上
06.1.5

10

有贵先生：

你好！

惠赐法书均经拜领，诸人皆感盛情，而蓬荜益增辉矣。我身体尚好，惟视力锐减，毛笔已不能写，硬笔亦仅靠习惯动作。日趋衰老固非人力所能挽回，乐天知命，惟求自怡而已。今春可能去晋一行，或去晋城一游，届时再谋一晤。专申谢悃。顺颂

新春好！

来新夏
06.5.11

11

有贵先生：

在津一别，多历时日，想近况佳胜为祷。顷有一事相烦，舍亲焦大为近将乔迁新居，有一大厅壁间需名家手笔增辉，素仰先生书法，特请我转求惠赐墨宝，尺寸内容见另单，润笔另邮。敬致专达，祇颂

近佳

来新夏拜
十月二十日（2007）

12

有贵先生：

你好！

前托为敝亲书横幅并奉上薄酬，尚感愧涩，不意今日又蒙掷还，尤感不妥。谨邮寄湖笔丝巾，聊申谢忱，至祈哂纳。专达，祇颂

冬祺

来新夏拜
十一月三日（2007）

13

有贵先生文席：

你好！顷奉邀请函，获悉先生将于 11 月 14 日至 18 日在并城举办个人书法展，理当亲趋祝贺，奈以高年体衰，冬令气候不定，不克成行，至深歉仄，尚祈谅宥。

先生书法根底深厚，娴熟诸体，作品久受海内外人士赞誉。今为满足各方期待，举办书展，实为文坛大显灵光，不只为三晋生色，亦为中华文化增

一奇葩。会后若有成作方册，尚祈见惠，为寒舍增辉，亦便老朽如临会所，饱览银钩铁画，不胜企翘之至，专此奉贺。敬祝书展圆满成功。顺颂

冬祺

南开大学教授
八六叟来新夏拜上
二〇〇八年十一月九日

14

有贵兄：

新春佳胜！

兹有一事相烦。有友人来舍，见阁下书法甚喜爱，兹拜求墨宝二幅（小条幅）：

一赐款"洪运先生"，一赐款"王鼎先生"。

祈能于近日寄交，不胜感谢！

专此，顺颂

春祺

来新夏拜上
2009.2.10

15

有贵先生：

您好！

天津静海梁头镇为安抚百姓，特立迁坟碑，请我撰文，我为写八百字一文，该镇党政均已通过。我推荐阁下书写，已蒙惠允，有数点陈明：

（1）碑石外壳5.8—1.8，见效果图照片。

（2）中嵌黑花岗岩，宽5米、高1.2米，即写碑文部分。如何留边，请

自行裁定。

（3）文字以行楷书写，繁体直行，由右至左，要加标点。

（4）时间20天左右。

（5）有酬金。

如有不明，请电话联系。顺颂

夏祺

新夏手启
2010年6月8日

请再核文字标点，有误处请改正并告之。

文稿寄去一式二份备用。

16

有贵：

你好，前嘱为大作写序，因天气炎热，未能早日完成，至歉！现草一文，寄奉指正。

拙作《书目答问汇补》二册已快递寄去，想已收到。

前函言需购《知见录》若干册，可致函"北京丰台区太平桥西里38号，中华书局（100073），李晨光先生"。

信中可提我介绍，或能优惠。即颂

近佳

来新夏
2011.7.15

17

有贵先生：

来函收到，奉复如下：

（一）第二轮修志开始前，领导小组曾召开过一次讨论会，我应邀出席。当时，对"续修"是明确的，但如何续修是有多种不同意见的，大约归纳有8种：

1. "续修"就是"新修"。

2. "续修"应是通贯古今的重修。

3. "续修"应前后衔接。

4. "续修"应以三中全会作上限。

5. 有人主张1977年为上限，即以国民经济恢复、真理标准讨论为上限，保持改革开放完整性。

6. 有人认为以中华人民共和国建立为上限。

7. 有人把"续"与"修"分开，续写改革开放二十年，修订正前志。

8. 有人认为一轮修志下限不统一，主张按不同情况衔接作上限，大多数人同意最后的续修意见。

（二）我同意你的见解与主张，续修应与首轮下限衔接。

（三）我为此写过一篇专文《新世纪的修志思考》发在《河北地方志》上，特复印全文供参考。

（四）如不邀你参与，淡然处之，道不同不相与谋，落得清闲。顾问闲差，不妨挂名。如执笔则主张不能苟同，最好不参与二轮修志，以免日后不愉快。

以上各点仅供参考。专复，顺颂

冬祺

来新夏

2011.11.21

我身体尚好，放心可也。

致李维松　3 通

李维松（1947— ），浙江萧山人，《萧山市志》副主编。

1

维松先生：

你好！

大作收到，确为地方文献增一名葩，读之颇动乡思。先祖坟茔亦蒙订正入录，存殁均感。惟先父名"大雄"，先叔名"大武"，墓碣均有记录，想系"雄""武"二字乡音读讹为"荣""赋"亦有可能。如此书再版，至祈更正为请。耑复，祗颂

暑祺

来新夏

04.8.10

稿费 200 元已敬领，谢谢。

2

维松乡友：

来函并赠书均收到。

宗谱是地方文献的大宗，现已有多人从事研究与收藏，有关论著亦已出版多种。我收藏有我的学生徐建华所撰《中国的家谱》一书，除讲一些基本知识外，后附有家谱网站目可参考，特转赠给你。专复，祗问

近好

来新夏
二〇〇六年四月六日

3

维松：

  你好！所嘱题签奉上，横竖各一，字写得不好，可借电脑调整，印章不清，在角端又盖了二方供选用。①

  祝
春节好

新夏
1.7（2013）

---

① 随信所附签条，题"萧山寺庙文化"。

致李忠智　6通

李忠智（1947— ），河北沧州人，沧州纪晓岚研究会会长。

1

忠智会长：

　　您好！
　　《纪晓岚研究》专刊是否已出版，望能惠寄。如尚未出版，请将我前在沧县发言稿复印寄一份。因最近有人约我写文章，我想参考其中观点，但未留底稿，麻烦您代办一下，谢谢。即颂
近佳

来新夏
3.27（2003）

2

忠智先生：

　　会刊与大札均奉到。
　　研究会经诸公苦心经营，粗具规模，甚堪钦佩。
　　来函所附纪氏后人信已阅，得群众关注，亦为研究会之幸。
　　关于纪氏读音，辞书已有注音，已是定论，至于群众读音无法一一纠

正，电视剧人皆不以其为据，可勿置论。姓氏读音歧异不仅纪氏，如华姓即 huā、huà 二读，龚姓长江以南读"均"。可答读者，以辞书注音为准，要求政府明令规定恐难办到。

电视剧中之戏说，并不为众人赞同。如有异议，可直接向剧组质询，研究会甚难为力。

关于如何看待纪晓岚，请参阅我在成立会上发言。

最后，如与纪氏此后裔复信，万万不要介绍我，只作会上意见。因我年事已高，实无精力应付社会干扰，千万千万，不胜感谢。

近况如何，时在念中。

即颂

秋祺

来新夏

8.26（2003）

3

李会长：

您好！

近收到刘植喜君送来骏马两匹，威武雄壮，奋蹄腾跃，鼓励老叟自强不息，特致谢意！因无刘君地址，即请转致为托。

专此，祇颂

春祺

来新夏

04.3.10

4

忠智会长：

您好！

最近在《天津老年时报》上看到有关纪氏家谱的文章，不知您见到否，特寄去备参。

顺颂

暑祺

来新夏

05.8.12

5

忠智会长：

你好！

来函早经收到，因上月下旬突发心脏病住院治疗，最后决定动手术安装起搏器以矫正心率。住院近月，今日始出院，获读大札，迟复为歉。

所嘱题匾一事本当应命，奈因大病初愈，尚在恢复期，体弱手颤，无法使用毛笔，不知能否稍缓时日，一俟体力恢复，立即书写，奉请裁定。至祈见谅。专复，即颂

近佳

来新夏

4.16（2007）

6

李会长：

您好！前嘱书匾，因身体状况不太佳，延迟时日，甚感不安。近日似有

起色，勉写四字，但目力不济，很不像样，只作交卷而已。[①]如不适用，弃之可也。

诸友均此，不另。

专此，顺颂

暑祺

来新夏

07.7.23

[①] 所题"嫏嬛福地"四字，后刻匾挂于纪晓岚文化园。

致陆子康　2通

陆子康（1948—　），浙江海宁人，海宁市图书馆副研究馆员，《水仙阁》杂志执行副主编。

1

子康兄：

你好！

前者陈伯良先生曾撰海宁中学堂一文，并附有先祖在海宁情况，嘱我增订。我因身体欠佳，一直未动笔。今整理书刊，发现陈文，长此积压，甚感不妥，兹寄上。或单发陈文，或请老兄动笔合为一文在《水仙阁》发表，亦可备乡邦文献之采择。专此奉请，尚祈亮察。顺颂

近佳

来新夏

4.27（2009）

2

子康先生：

来信收到。承伯良先生慨允撰文，甚感，望代致谢意！

绍兴有一失地农民孙伟良，自学成才，喜研来氏文献，曾撰有关先祖文字一篇，发表在《越地春秋》，并附先祖为绍所写诗多首。阁下不妨参考，现寄上一册。

另先祖 1907 年所写《中国文学史稿》[①]已由岳麓书社正式出版，另遗作《易经通论》[②]年内亦将由广东人民出版，先奉上前一册。

我一切均好，只是日益衰老，有机会尚有一游海宁之想，下月 3 日将应邀去内蒙谒成吉思汗陵。

阁下瓷画研究，想当更有进展。

专此，顺颂

秋祺

来新夏

8.26（2009）

---

① 指来裕恂《萧山来氏中国文学史稿》，岳麓书社，2008 年 8 月初版。
② 指来裕恂《易学通论》，广东人民出版社，2010 年 6 月初版。

致董国和 1通

董国和（1948— ），河北唐山人，自由职业者，文史学者。

国和先生：

来函收到，借知前次所寄为误投，现原件奉还。

前次收到一文，不明究竟，故未能作复，谨保存等待消息。

书话我仅有一册，难以相赠。我因年过八旬，无力寻找，已嘱家整理或搜寻，如有所获，再行寄上。专复，即颂

近好！

来新夏
05.12.2

致俞尚曦 1通

俞尚曦（1948— ），浙江桐乡人，桐乡市地方史志办公室副主任。

尚曦先生：

你好！

《洲泉镇志》序稿费2000元已收到。

《鲍廷博先生年谱》①，是我为其文稿写的序，《博览群书》拿去发表，书尚未出版，作者刘尚恒是天津图书馆研究馆员，有事可与他联系。

《交融集》②我尚有几本样书，特赠一册，请指教。

先父来大雄青年时曾从金子久夫子学医，后在天津行医，不知有何信息，祈见告。专复，即颂

春祺

来新夏
3.10（2010）

《桐乡市志》进展如何？

---

① 指刘尚恒《鲍廷博年谱》，黄山书社，2010年7月初版。来新夏所作序言刊于《博览群书》2009年第2期。

② 来新夏《交融集》，岳麓书社，2010年1月初版。

致潘友林 8通

潘友林(1949—),山东夏津人,夏津县委党史研究室编审。

1

友林先生:

你好!前嘱为尊著作序,因患消渴症,难以长时间工作,时读时辍。至国庆长假之际,始成其事,并就所得撰成一序,自以为真诚之作,非敢虚誉,尚请指正。又书名用"古县志",似感不妥,因明以来尚难如宋元之称古,冒昧为改"旧志",与当世习称相合,未知当否。如不以为然,可改归原貌。

收到后,即望见告为荷。专颂

近佳

来新夏

10.6(2000)

2

友林先生:

来函并贺卡均收到,谢谢。

德州市委能支持九志校注,应称贤明,但不知落实如何,口惠而实不至为官场惯技,慎之。

至于书名,任老所题确切无误,因九志确为旧志,且老名家亲题,以

勿动为好。如为出版不能不屈就一下，改亦无妨，用电脑将题字位置调动一下。顺祝

春节好

来新夏
05.2.6

3

友林先生：

你好！

来信收到，与虎谋皮必然得此结果。最多10万元，不过大僚一席之费，何言"花钱太多"，实属放屁。

尊著有益于世，请善于等待。遇有机会，我当与有关部门探讨，谋求解决，但须时日耳。

序尚未写，遵嘱暂不着笔。

即颂

近佳

来新夏
4.20（2005）

4

友林：

你好！

杭州大学图书馆所编年谱目录[①]已请友人复印寄来，此目录是自古以来，我将后一半寄去（即卒于清初的吴次尾开始），书尾有姓名索引，可用来核

[①] 当指杭州大学图书馆资料组编印《中国历代人物年谱集目》，1962年12月。

校所写题录的著录情况，省得翻查（索引有页码），望能校核已写各录著录情况，如有不同内容可加"新夏按"（参原《知见录》著录方式）。

天气酷热，望节劳，不要赶工。家事望妥善处理。即颂

暑祺

新夏
7.9（2006）

收到，电话告知。

5

友林：

你好！

现寄上前由市馆所摄梁启超故居照片，已洗好送来，检寄请查收。

天气炎热，工作务须放慢，珍重为是。

我一切均好！

新夏
8.12（2006）

6

友林：

来信收到。

发聘与酬金已为学校主管部门批准，经费开支已有着落，而你工作所付出之辛劳亦非戋戋之数所能相抵，不过略表心意，万勿以此为念，望勿再却为幸。

报告复印件随函寄上，请查收。

我近况甚好，只是社会要求较多，应付时感力不从心，尚望时加协助为盼。专复，即问

近好

来新夏
06.10.13

7

友林：

你好！

来函均收到，以后勿再作客套语，一切安心接受，只求工作扎实，如期完成。前寄来几个问题，已在每题下注明我的意见，请酌办。

我本月下旬去南方出席会议、讲学，将在十一月下旬回津，有疑问暂存，我回津后再联系。

专复，即问

近好

来新夏
06.10.15

8

友林：

新春好！

《知见录》已排出第一册，寄来清样两份及原稿一份，现寄上清样及原稿各一份，敬烦先生便中校订，另一清样由老朽通读，待阁下校竣寄回，则合二为一寄回书局。

不情之请多有烦渎，尚祈见谅，并望早日寄还。专颂

春祺

来新夏拜上
二〇〇九、二、二

致陈志根　3通

陈志根（1949—　），浙江萧山人，萧山区地方志办公室副研究员。

1

志根先生：

　　你好！

　　《话说萧山》二册已收到，谢谢你为《北洋军阀史》写了评论。

　　手头有一篇《钱江潮》，本来以为可寄去，但主要是写海宁观潮，与刊旨不合。最近准备写一篇《旧镇纪事》，写西兴外婆家，如成稿或可送《话说萧山》。

　　我11月5日到杭州开会，住在浙江省图书馆对面体育场的宾馆，日程排得很紧，还要到宁波和湖州去，9号即北归，萧山可能无法安排单去，你可与浙馆联系（浙馆电话：87999812-3007）。

　　顺颂

秋祺

来新夏
2001.10.30

2

志根：

  你好！

  关于蔡东藩一文已撰就，现寄上，请审阅订正。

  又，你处有无蔡氏本人及故居照片？如有，望寄二三张来留存。

  你调职一事，我甚关心，不知是否仍保留市志编写部分工作，无论如何望能平静，我们间的交往是会继续的。

  专此，即颂

近佳

来新夏
04.3.10

3

志根：

  你好！

  最近出了一本小书[①]，因为其中收了我为你写的《〈追逐理性〉序》一文（见 P159），所以寄去一册供你留存。

  我一切如常，只是脚步差，行路慢，有点蹒跚，其他都好。即问

近好

新夏
11.30（2009）

[①] 指来新夏《书前书后：来新夏书话续编》，三晋出版社，2009 年 7 月初版。

致张新民　1通

张新民（1950—　），贵州贵阳人，贵州大学教授。

新民先生：

　　您好！久违雅范，时在念中。不佞已年逾八旬，故社会活动较少，近二年闭门整理旧稿《书目答问汇补》，将所经目诸家批校汇为一编，以利读者，并已与中华书局约定，搜罗自江人度以下十余家，有刊本，有稿本，虽已尽力，仍有遗珠。日前获读《书目答问校补》[①]（贵州出版物北方难见），附有贤乔梓批补之《书目答问斠记》，倍感读书未遍之憾，幸尚未付梓，尚能补过。吕君校补已成书出版，分量又多，不便收录，而贤乔梓之作原为附录，且简要，故拟收入拙作《汇补》，逐条分列，详明作者。为此专函征求同意，如蒙惠诺，不仅为拙作增色，亦以便读者检读。至祈惠函见告为请。

如赐函请寄：

　　天津南开大学北村 **-*-***（300071）

　　寒舍电话为：022-2350****

　　专此，敬颂

著祺

来新夏拜上
2007.5.19

　　问尊夫人好。

[①] 指吕幼樵校补，张新民审补《书目答问校补》，贵州人民出版社，2004年6月初版。

致谭宗远　6 通

谭宗远（1952— ），北京人，朝阳区文化馆副研究员，《芳草地》杂志主编。

1

宗远先生：

您好！

连续收到《芳草地》04 年 1、2 期，谢谢！

近年读书小刊已有数种，各有特色，读之盎然有趣。

《芳草地》无论内容、形式均当得一个"雅"字，诚为时尚刊物中之"芳草"。虽无书号，但私生子一样长大，或说更加聪明，与婚生子应享有同等待遇。愿早日能得一纸"结婚证"。

无功何得受禄，就平日读书所记杂钞四则北京掌故以作回报，请裁定。①

现有总 5、6 期，不知前总 4 期是否尚有存书？为求全，特渎清神。顺颂

撰祺

来新夏

04.5.9

---

① 指来新夏《京华杂钞》一文，后刊于《芳草地》总第 7 期。

南开大学出版社
Nankai University Press

宗远先生：

您好！

连续收到《芳草地》04年1、2期谢之。近邮读书小刊已有数种皆有特色读之甚为有趣。

《芳草地》无论内容形式均当归一个"雅"字，诚乃时尚刊物中之"芳草"，虽无书号，但私生子一样长大或说更加聪明，与婚生子女享有同等待遇，祝早日补回一纸"结婚证"。

无功何以受禄，就平日读书所记摘抄四则北京掌故以作回报，请裁定。

现有总5、6期，不知前总4期是否尚有存书，若求，盼赐。

清神顺颂

撰祺

来新夏 04.5.9

2004年5月9日致谭宗远信

2

谭先生：

　　第六期刊物收到，谢谢！

　　上月去海宁访徐志摩故居，并在眉轩留影，晚间在宾馆写小文，现寄请审定。照片无底片，请用后赐还。专颂

暑祺

来新夏
04.6.15

3

谭先生：

　　你好！

　　寄去小书二种，想已察收。

　　牧惠先生逝去，很多人写了哀悼文章，我反复想了很久，认为人这么结局是幸福的，所以反一般之道而为此文，不知贵刊能用否？即问

近好

来新夏
9.17（2004）

4

谭先生：

　　大刊收到。因到江南出席学术会议，昨日方归，致稽裁复为歉。

　　承询所属民族问题，曾有人问及，以来为稀见姓氏，且满人中亦有以"来"为姓者，故滋误解。我实为汉族，有族谱可查，现寄上所撰《来姓》

一书①，供参阅。

如有所作，当再送请审正。即颂

编祺

来新夏

04.5.25

5

宗远先生：

你好！承邀撰文，已遵嘱完成。题字写了横竖，图章盖了多方，为电脑处理提供余地。寄语写好，文章不超五千字，写得不太好，请指正。为应急需，特快递上，请收到电话告知。即颂

近佳

新夏

08.8.16

6

宗远兄：

您好！贱辰承亲临致贺并赠佳品，实深惶恐。此次聚会因附于藏书论坛之后，一切均由主办方操持，弟仅有最后一次招待，亦多有离津者，甚为不周，为答谢厚爱，谨以拙文一篇报李，至祈卓裁。耑此，顺颂

秋祺

来新夏

2010.9.1

---

① 指来新夏《来》，陕西人民出版社，2002年4月初版，收入"百家姓书库"。

致周轩 1通

周轩（1952— ），山东昌邑人，新疆大学历史学院教授。

周轩老弟：

我因积劳于十月六日不得已住进医院检查，结果是房颤。医嘱休息，强迫治疗，条件尚好。现已开始恢复，待体力稍恢复即着手治疗。但年龄大了，最多维持原状。我对这些事素来洒脱，无所谓，听天由命吧！

在病榻上看了你的诗选①，很好。有几点意见供参考：

（1）错字太多，当然是错排。但有些估计是原稿写错，希望再照原件细校一次。

（2）注释中第一条应标出题解，从第二条下标注释，这样体例明显些。

（3）诗作编排次序，有些编不太顺，最好详细核查一下作品年代。

（4）题解和注释中有些语句似采用年谱原词，互通有无，我认为可以，但希望你稍加改变，以免给人口实，你核对一下。叨在知己，实话实说。

（5）诗选以赴戍为中心，首尾分量稍轻，是否增大一点。

浅见如此，备参考。

申请书写得不错，希望你再致函子东大姐，她很热心，会帮忙促成的，我也会在通信中涉及的。专此，即问

近好

来新夏

10.9（1996）

---

① 指周轩《林则徐诗选注》，后由新疆大学出版社于1996年12月出版，来新夏为之序。

致袁逸　6通

袁逸（1953— ），浙江宁波人，浙江图书馆研究馆员。

1

袁逸兄：

在杭承迎送，甚感。我当日中午即安返蜗居。

现有一事奉托。我因准备写一篇嘉业堂的小文，一切资料均备，唯对业主刘承幹晚年生活不详。据传闻后在申生活穷困，死于8平米斗室中。卒于何年？终年多少？是否经过"文革"浩劫？有无文字记载或确实可靠口碑？请代为访查，尽快见告。如有文字材料，请复印见寄。请向你的部下小朱书记问好。即颂

近佳

来新夏

11.10（2001）

2

袁逸老弟：

你好！

敦煌一游想甚快乐。

近日收到虞坤林寄来照片多张，内有毛、顾二先生各二张，因无法（地址）投送，寄到我处希望我转交。我亦不知二人住处，寄你处，请就近打探

转寄或转送，麻烦之处请原谅。茶杂志有无着落？顺颂

夏祺

来新夏

04.6.21

宁波陈馆长稿已在学刊 3 期刊出。

3

袁逸：

你好！

密密去北京实习，我通知她如可能，回津过节。

萧山馆已将图书 2000 余册运走，因馆舍建成延期，故第二批 2000 册当在年底。此事甚麻烦，我雇了三个打工才勉强完成，自己也疲惫不堪。

最近洗印照片有你三张，特寄去留念，我已留下另二张。

专此，即颂

近好

来新夏

（2006.9.25）

4

袁逸兄：

你好！热吗？汗流通体亦是一乐。①

序文等均收到，但反复读拙文无隙可击，文献丛刊诸文也难有采择。为此在序文后写一附记，倚老卖老。又附一旧文，虽已发过，但尚能得人心。一切请全权处理，可行则行，不可行则罢，万勿照顾这张老面皮，使你

---

① 以下有删节。

为难。

专颂

暑祺

新夏
7.26（2010）

今日 35 ℃。

5

逸兄：

《萧山地理集》耗时半月读完，又酝酿多日，参考刘杭说撰成一序，现寄去请斧正。如有不当处，请定夺改订。

虽已立秋，仍未退热，望自我珍重。

我尚好，保证闯过 90 关。

新夏
8.14（2011）

附上小作《砚边馀墨》一册。

6

逸兄：

新年好！

《萧山地图集》序已于 11 月 18 日在上海《文汇读书报》刊出，样刊日前方寄到，我留一份，另一份寄你或转陈先生均可。

今天除夕整理书札，特寄你一信，祝快乐。

小忽悠过得好吗？爷爷想她。也不寄个贺卡来，可恶！！！

新夏
除夕（2012.1.22）

致王世伟　2通

王世伟（1954—　），浙江镇海人，上海图书馆、上海社会科学院科技情报研究所党委副书记。

1

世伟教授文席：

你好！

日前拜领惠赠《翁氏善本图录》[①]，诚为盛举，非上海馆莫办，非通达如阁下者莫办，为学林庆，为翁氏庆。捧读之下不胜感慨，今世高头讲章充斥耳目，此类高雅之作几为阳春白雪，读之令人旷怡。尚祈今后多有此功德事，专申谢悃。祇颂

公绥

来新夏
2000.11.27

2

世伟教授：

你好！

顾老照片早经收到，谢谢。

[①] 指《常熟翁氏藏书图录》，上海科学技术文献出版社，2000年初版。

《清代目录提要》修订本已邀青览，请多指教。

《历史文献》一册拜领，谢谢。

现有一事相求，请能惠允办理。拙著《书目答问汇补》一书近已完稿，近百万字，已由中华书局承接出版，在书首拟选几幅彩色插图。我过去曾在贵馆看过一本叶德辉批校之《书目答问》，属于普通古籍，是蜚英馆石印本，拟请您转托陈先行先生（过去邱五芳先生曾代我提取过此书，现陈先生主文献中心，进行方便些）。现附该书情况，请尽早见惠为恳。专此，祇颂

暑祺

来新夏
07.6.23

《书目答问》二册，光绪二十一年上海蜚英馆石印本。

封面有墨笔题写：

　　来青阁自用　飞鸿馆

扉页有双行题：

　　光绪乙未仲夏月
　　上海蜚英馆石印

书套封面题签似为潘景郑先生所题，有"景郑心赏"印。

藏章有"飞鸿馆主人珍藏""天涯芳草""济阳丁氏""志伟章""坦白为怀"等。

书内有朱批小楷。

我的要求：

① 请用彩色数码拍三张洗印。

② 三张：A. 封面。B. 扉页。C. 批语多的内容一页。

③ 7月初拙稿发排，请于6月底或7月初惠寄。

不情之请，先行致谢，并向陈先行先生致意！

致韩小蕙 61 通

韩小蕙（1954— ），北京人，《光明日报》高级编辑，作家。

1

小蕙女士：

你好！

忽奉华翰，不胜惊喜，十年老友居然不遗山野老朽，专函邀稿，实古道之可钦！近年时在《今晚报》拜读大作，知你已登作家之册，望之如在天上。我现已年逾古稀，幸劳动惩罚有年，贱躯仍尚健旺，第一职业之外时写小文聊作遣兴，报刊发表时得预算外收入，略增鱼虾，亦一乐也。不意得阁下慧眼相识，竟拟列《新现象随笔》之选，日后是否中鹄，亦总算辉煌一把，自杂堆中选出三篇，大致接近稿约，送请卓裁。《光明》之《周末·文荟》甚好，但不知口味要求如何，便中望告。专复，祇颂

著祺

来新夏
94.4.14

我确已"乔迁"，绿衣人甚好，转送到新居。随呈近年带衔名片一纸，供通信参考。

2

小蕙同志：

　　来函及报纸均收到，谢谢。因为到南方去，未能及时处理，歉甚。读过《文荟》后体会了一下，认为以写杂感小品之类为宜，但一直未找到题目。近日偶遇一事，自以为值得一写，遂草成一文送请补白。因刚开始"玩电脑"，写作打印似乎尚差，但总是个时髦事。另邮寄去去年我70岁时出版社为我出了本小册子，有一张照片尚值得一睹"风采"，照片题了自赞，可供一笑。

　　稿如无法用，弃之可也。我留底稿，但请告诉一声，免我盼望。

　　此致

近佳

来新夏
94.5.9

3

小蕙：

　　样报及来函均收悉。

　　来函有一处不准确。你鼓励我"继续革命"，如果说写学术文章，可以勉强算继续革命，如果说写散文，则是六十岁以后的新行当。流行说法应算散文界的"新秀"，是开始参加革命而非继续革命。

　　近十年来写了几十篇（也许近百篇），如果有机会出集子，就想题名《花古小集》，表明是花甲古稀之年的雕虫小技。

　　文章一变为报纸文字，还有当年初发文章那种怦怦然的欣喜状。靠着这点热气又在电脑上乒乓出一篇小作，寄去裁定。

　　天气炎热，写文章可祛暑，不妨一试。

　　顺致

夏祺

来新夏
7.4（1994）

4

小蕙：

　　日前寄去《释不伦不类》一文，想达青览。那是刚写好，尚在激情中寄发的。昨天有朋友数人聚于小斋，见到此件，基本同意观点，但有几处需推敲。我也冷静下来，决定改动两处。

　　一、原倒 10 行"甚或移情别恋"，有鼓励第三者插足之嫌，最好删去，免滋误解。

　　二、原倒 3 行最后对老人们的一般表白和劝慰，认为是蛇足，纯属节外生枝。我可以有看法，但不应干涉人家父母，所以末三行删掉。

　　附上修正稿，如蒙刊出，请用此修正稿。如不拟发，一切都属废话，麻烦您啦！

　　此致
近佳

来新夏
7.8（1994）

5

小蕙：

　　盛夏酷暑，挥汗不已，赤膊上阵，捉笔写文，心中自有习习凉风，此亦祛暑一法。

　　电脑成文，内容固可勿论形式，颇为赏心悦目。寄上一观，尚希卓裁。

　　近日应邀评市徽、为天津科技馆撰写碑文，甚为忙碌。俟暇当再奉上小作。

　　专达，祇颂

暑祺

来新夏
94.7.22

6

小蕙：

　　晨间收到告辞电话，谢谢。兴奋之余读谢晋导演之《鸦片战争》第八稿脚本，很失望，未能免俗，横插进几场无根据的妓女文学。结合过去，不点题地写了一篇《论凑戏》，寄去想请你介绍给《光明》影剧版如何？如不便，即弃之可也。

　　前文出现失误，客观原因是天热懒查书，主观上自恃记忆。孰知老人读书已如影子，我当引以为戒。但对你实应致歉，望谅之。此问

近佳

新夏
8.8（1994）

7

小蕙：

　　很高兴收到你的来信。东北倦游归来就给我写信，而且写得这么有情意。稿登不登百十来块钱的事，但信尾对我的评价却使我感动得"热泪盈眶"，价值连城呢。

　　我不是你非常喜欢的好脾气的好老头，而是一个得罪一辈子人犟脾气的倔老头，而你倒是位惹人疼的刁姑娘（望风捕影之说）。我们神交十年，中间有点疏远，今年恢复邦交后又有频繁的交往，每次来信都给我这位老兵写

新传时无穷的鼓励。我会多写点，这总比钓鱼、打门球有意思。

你推荐我向《闽西日报》刊稿，而且每字能拿到三角钱，对老头子添点小菜不无小补，也不致像冯谖那样发出"食无鱼"的叹声。在此郑重致一敬礼。

我正在筹画编一套"中华幼学文库"，顺手写了点干此事的缘起想法，大约在1500字左右，寄去两份看看是否合用。

日前，等你回信等得心焦，忽在上周《文荟》上看到一小段启事：一是不寄私人，二是两月不刊自行处理。我立即理解这是小蕙发出的公开信。没想到，这一情绪尚未平静而你来信，以小人之腹度君子之德到处都有，我很高兴我不属于启事之内的人物。

你接连出两本小集，在出版难情况下，不是有钱自费，就是有权批示，友情提携只是少数，不知你属于哪种？

我去年70岁，因为我是南开出版社第一任社长，遗爱在民，所以化了一万多，为我出了本《志域探步》，这是权、情二者兼而有之，寄去一本，有一首自赞（嘲）诗和一幅"玉照"，供你看看，这是不是让人喜欢的好脾气的好老头。

十年交往，未谋一面，终是憾事。十月中旬，我当去北京图书馆讲课十天，我一定约你（如你没有遨游四方），痛饮几次扎啤，一倾积愫，同意吗？祝

快乐

新夏

9.9（1994）

8

小蕙：

来信及样刊均收到，谢谢！

刁女并无恶意，而是爱称。如看世乒赛，有个好球就要欢呼，"这球

打得好刁"，有赞美羡慕之意。《尚书·泰誓篇》记周武王伐纣时宣誓说："予有乱臣十人。"这个乱臣绝非"乱臣贼子，人人得而诛之"之意，而是治理之臣。有据可查，决非孤证。

我重复送书，确是老朽昏聩，希望你留下署好老头的一本，另一本撕掉扉页署名，或送人或卖废纸均可。

承推荐《闽西日报》，确是善举。刁女颇有敬老恤贫之风，今后有何善缘，望多多联结，合十一谢。

设有京华一行，定谋一晤，希望不致有"久闻大名，如雷贯耳，今日一见，不过如此"之憾，把那点喜欢劲弄得云消雾散。

顺颂

吉祥

新夏

9.20（1994）

9

小蕙：

收到来信。邀我写稿，不遗在远，中心感之。因周末即南行临安，下月初方归，恐有误大计，特检已发表过旧稿，稍加修理，即以奉上，以搪塞一时。下次一定好好写文寄去。

昨天去了趟北京，早就想和十年神交之友一晤，但适逢大周六，不敢有扰悠然，当日返回。在车上又有悔意，也许休假日正好一谈。既已过去，无悔而已矣。下次再去，一定共进美餐。

天气渐寒，起居多加珍摄。

今日校庆，甚为隆重，各方政要到会，某也忝列贵宾席，愧煞。

此问

秋祺

新夏

10.16（1994）

10

小蕙：

　　随笔集已收到，谢谢你收拙文一篇。①到山东去开会往返途中把全书读完，选得很好，除拙文外都是高水平之作，而你那篇寂寞之作另树新意，我也想写一篇要耐得住寂寞的小作，等想好再说。

　　日前寄去我一本书的序，如不合刊例可不用，如用是否在文末缀"此书将由台湾商务印书馆出版"字样。

　　昨天翻看《海外文摘》11月号，是最近一期，有一篇《学会潇洒》，文中涉及到我的一番高论，与发表的《无怨无悔说》内容一致，他把无怨无悔提到深层次潇洒，不免奖誉过甚，此文无引文出处，大概是域外之作，作者刘登翰君。我已记不起何时何地发此宏论。复印寄去，日后出集写前言可备参酌，顺便问问《海外文摘》的熟人（我想你会有熟人的）刘君何许人、摘自何刊。专颂

近佳

新夏

12.3（1994）

11

小蕙：

　　你好！

　　连去二函想已收到。《中国地方志》发出后感到与《文荟》立意不全吻合，可不发，也不必寄回，放入纸篓中即可。

　　话说杂文在《闽西日报》发表，被一朋友看到，快函相告，第三段必须改：① 讲了小长工、小伙计等等，显得啰嗦，应去掉，概括为男女老幼。

---

① 指韩小蕙主编《新现象随笔：当代名家最新随笔精华》，中央编译出版社，1994年10月初版。集中收来新夏《杂糅与杂处》一文。另，韩小蕙《人生难耐是寂寞》亦收入其中。

② 杂字在正规私塾中有些商人、小地主子弟不打算作官，认几个字，也读杂字。所以我加了一句，显得更全面些。

我感谢友情，闻过则改。今读上周《文荟》，知尚未发排，尚可改正。特将该段全文改定，打好寄去，请酌定为托。专颂
近佳

新夏
12.12（1994）

12

小蕙：

我刚从外地归来，见到来信，知你已从吐蕃回来，很高兴。因为从上封信说你入藏，我一直在挂念，那不是个随便可去的地方。上帝保佑小蕙平安而归。

看来你很忙，正在履行"读万卷书、行万里路"的宿愿，搞两块版面，还不时见到你的文章。你大概已过不惑之年（冒昧之至）。古人云："四十以前卖命，四十以后卖名。"就是说吃点老本节点劳吧，别玩命啦。

也许你会指我还在玩命，须知年过六十是第二个青春，我正在第二次天天向上，不妨玩命。尊意以为如何？

最近还在笔耕，似乎颇有点文思泉涌之感，泉之甘冽抑苦涩，当在识者鉴之。

随函寄去在台出版新书一种，装帧设计均佳，内容不过尔尔，聊供插架而已。即问
好

新夏
10.1（1995）

南开大学

小蕙：

我刚从外地归来见到

来信知你已从吐蕃归来，很高兴。同路人上封信说你入藏，我一直在挂念，那不是个随便可去的地方，上帝保佑小蕙平安云尔。

看来你很忙，已走遍了漠万里七彩万里路的脑颅，搞两块版面，还不时见到你的文章，你身体已过不惑之年（曾妹说）古人云："四十以前卖命，四十以后卖老"，就是说吃老本，节省劳吧，别玩命啦。

也许你会指我还在玩命，须知郭过六十是第二个青春，我正在第二次天天向上，不妨玩命，尊意以为如何。

最近还在笔耕，似乎没有走过思索酒之感，来之甘冽抑苦涩，当由读者鉴之。

随函寄去名片版我书一种装帧该计构佳，内容不过尔尔聊供

揣摩之记 印向

好   郭 10/1

1995年10月1日致韩小蕙信

13

小蕙：

　　来信收到，很感动，谢谢你的深情关注。但当时正在治疗关键时刻，整日在吊针，活动受限制，未即复，歉歉。

　　我入院后，首先治肾盂炎，经过两周疾愈。在10月20日转入房颤问题，院方拟定两方案，一是动手术（用电击或动刀），但后果无保证，我想我还未到"死马"的地步，何必冒险去作"活马医"？二是用新药物，后果是治疗无效，维持原状，我接受这一方案。由一位心脏科教授主管，用一种进口药促使房颤转复，一般三天见效果，最长两周，如过两周即无望。我老老实实地吃了一周药，每日有专门医生密切注意，身上背上监视器，好像有支枪一样很威武，但顽症岿然不动，我开始失望烦燥，但教授安慰我再等几天，或许会出现奇迹。果然在第十天即你为我发文的30日，心电图显示已转复。医生和我都很激动，她们赞美我体质好，医嘱继续减量服药，因为这药有毒副作用，还要慢慢排毒，这样我比较静下来。估计十日左右可以恢复，又可以去敲电脑了。庸人必有后福，我大概属于这一类。

　　陈文发表，真应感谢你的苦心安排。这么大一块，占了这么重要位置，所以心情激动，也就在这一天，房颤转复了。

　　听说你那天还专门打电话来，可惜病房无直拨。我一出院，会立即打电话给你。

　　等我完全康复，我会去北京一起去探望"老莫"的。

　　我今年73，民间所谓的"坎儿"。也许这次大病应了典，那就可以84了，至少十年友情可得保证。祝
好

新夏

11.3（1995）

14

小蕙：

美丽的贺卡已收到，谢谢！

新旧年间想当不外出。古人云："四十以前卖命，四十以后卖名。"你已到卖名之年，要节劳。

我最近有所发明，对"一个中心两个基本点"有新的参悟。

一个中心：力奔小康。

两个基本点：身体健康点，精神愉快点。

独得之秘，不可外传。

写了篇小文，无非是发抒点抑郁，看看有无不妥处，请卓裁。

一月份可能去京，再联系。

此问

近佳

新夏

1995.12.23

15

小蕙：

13 日从上海、杭州归来，正收到你的来信，很高兴。

本想宽慰你一下，没想到却引起你的伤感。卖命就卖命吧，好在还有命可卖。人生本来就是一笔糊涂账，也很累，但既已如此，就无怨无悔吧！

我虽然不在北京，但近在咫尺，既可以写信发发牢骚，搞点幽默排解排解，也可以在实在要哭鼻子时写封信，我已是在野之身，花它一张票专诚去听听倾诉，这不也是一种人生的乐趣吗？

我略微知道你的一点情况，劝你不要活得太沉重，要恪守一条"不要把人生想得太美，也不要看得太坏"。

来信说我 95 年在《文荟》发文四篇，是有贡献，可授予版级劳模。但这只是量上，因为在《〈文荟〉95 总结》那篇文中写了这么多名字，而我名落孙山外，这表明我的文章质的方面还有差距。我不懊丧，而是决定 96 年在量的基础上求质，也希望你严把关，对我这个随笔"老秀"帮帮忙。我准备写到 80 岁挂笔，是不是过痴了吧！祝

身笔两旺

新夏
96.1.14

16

小蕙：

日前发一信，今日收到《天津文学》，有小文一篇，寄去请指教。我写随笔，《文荟》还是发祥地。

我最近应邀主编了一套"中华幼学文库"，确是用了整整一年时间，装印也够得上半精品，本想寄去，但怕野蛮邮递，到手时已不堪寓目，所以等有人去京时托人带去。时届冬令，天气较寒，又春节将至，我准备冬眠一段，等开春再跑，希望你也休闲一下。前天，你又写了一篇豫军的文章，很通畅可读，也有眼光。我是闲人，多写点文章不足为奇，而你大忙人，又能不时亮相，才是真本事呢！专问

近佳

新夏
1.17（1996）

17

小蕙：

近日拙编"中华幼学文库"正式出版，内容装帧尚可入目，本拟亲送几

案，奈琐务缠身，正在主持天津市图书档案职称评定工作，特假助手焦静宜女士（南大出版社副编审）赴京之便，专程送请审阅，如感尚有推荐价值，即请运如椽之笔，写一小短文在贵刊予以评介，不胜感荷之至。

专托，祗颂
撰祺

来新夏
96.1.18

18

小蕙：

日前收到样刊及寥寥数行批示。

前托人带京一套"文库"，亲送至社，发现喉舌地带警卫森严，门卡林立，大有官衙味道，又未面见，怅然归告。

"文库"我自以为脱坊间俗本窠臼，且有明刊本，装印也力求精美，想为幼学立一标本，甚望有人推动，务请不吝笔墨，写他数百字发之报刊，暂记老夫欠君一笔账可也。

近又泡制一文，看看尚可入目，寄供备用。

写信时不要惜墨如金，多划几笔，对忘年之交的寂寥当增生气。

春节将至，君增一岁，更登层楼；我则减少一年，日近马恩诸老。一笑。祝
春节欢愉

新夏
96.2.3

19

小蕙：

　　春节好！

　　初九收到来信，看到你如此辛劳，引得我几乎掉下几滴鳄鱼泪。

　　你们这一代确是难，社会要求高，加上自己好强，终想不虚此生，奋力拼搏。尤其是女性又多层负担，往往焦头烂额，这些都能使人理解，但是你必须从纷杂忙乱中解脱出来，其法是闹中取静，外紧内松，尽管有许多事要做，但总要心中无事。孟子说"求其放心"，把心放开，人生有涯而事无涯，永远有做不完的事。只要放心，把事看做排着队的士兵，点谁出列就是谁，不要一拥而上。干事时想事，不想干时就不想，要时时在干，而不要时时在想事。要在繁忙中偷闲，闲暇是偷来的。我经过无数折腾，但始终信守一条——"心里没事"，自得其乐，要学会"找乐"。

　　你孤军奋战，有时会感到无处倾诉，既可发之于文，也可向老朋友吐露，郁积的东西吐掉就愉快了，就不感到压力啦。我的话可能有些唐突，希望不要引起你的不快。

　　《永久的悔》问世，已从报道中看到，其第一类篇名"无怨无悔说"承你用我小文的题目，这是对老夫的一种鼓励。来信又实事求是地自我论断一下，这足以说明你是个勇敢的女孩，该怎么说就怎么说，走自己的路听他人去说。文章自己的好，古有明训，我也很自豪小文能入集，也自我感觉良好，当然其中也有小蕙敬老的因素。书尚未收到，稿费实在是多余，既是年底取到，应该把它给孩子做压岁钱才对。等有机会再给孩子补情吧！

　　年前看到人物写真征文启事，不由动心。在尘世争短长也是一种乐趣。我得过社科著作奖，但闯入文坛还未参与过，所以很动点脑筋，利用春节兴致高，写了一篇"人物写真"，这是用了功的，三易其稿，写学者的学术教育成就，也写其细微情感，以倾注自己的思慕。为了想得名次，请你再润色一下，又给你添乱了。天暖和后，我去看你。

你好

新夏
96.2.29

20

小蕙：

　　昨晚收到来信，激动得热泪盈眶，拙文入选即发之讯，才真正体会到范进中举这一情节。《光明》全国征文评奖类似科举会试。科举是分若干房，每房先阅卷，择优推荐给主考点定名次，主持各房阅卷者如日后被推荐（称荐卷）者中了，那推荐者就被尊为"房师"。想不到这回小蕙要过一把"房师"之瘾了。老夫既被"编发"，类似荐卷，虽云老矣，也只得尊小蕙为"房师"了，好在"有德不在年高"，"无志空活百岁"。

　　《永久的悔》中有幸被列第一名，如科举时代印考卷，第一篇往往是状元的卷子，我似乎又有点"鼎甲"魁首的感觉了。

　　两大荣宠，不仅有点飘飘然，可称"喜而不寐"。

　　我希望我那篇写真在年终能入选，那是再一次辉煌了。

　　捧了你半天，该返回头我当回老师，对你"亨亨"教导一番：

　　"什"通"十"，言其多。"袭"言其重复（抄袭即又一次重复写作，世袭即世世代代重复其位）。"什袭"也可作"十袭"，但一般用"什袭"，其意是一层层重重叠叠包起来，表示珍藏。"什"字不是笔误。

　　《中西回史日历》是一部换算中、西、回三种历法的大工具书，有二十卷，用力甚勤，功用甚大，此书名不错。

　　有一行字不清，累你眼力，甚歉。现再寄去留底一份，供参照。

　　你有天津之行，欢迎不迭，何言赶出，至少要提供食宿。如需"摆谱"，我可假公济私，派车接你，这就不是无颜见江东父老，而是"大风起兮云飞扬"的刘邦了。

　　谢你金言，希望成为跨世纪的特大款爷，好还压岁钱的债。此问

好

祝国际38妇女节，"妇女万岁"！

新夏

3.8（1996）

我想再买五本，一定要收钱。还是直接与出版社联系，能按作者优惠价么？

21

小蕙：

昨发一函并清稿一份，谅收到。

《读书报》有关拙作一文，承如此关怀寄来一份。此报我未订，你所寄至关重要，读后有知己之感。《知见录》用力最勤，磨难最大，耗工6年成书，用墨笔小楷写成十本作文本，不幸被勇士们在我门前用樟木书箱板作燃料，付之一炬，我则被强揿头，恭送黑书上天。公道自在人心，整整三十年，由一素昧生平之张继新先生加以论定，上天有眼！可惜此文丢一重要字，张文称《知见录》收书"百六十七种"，"百"前脱一"八"字。我曾读书八百余种，一千余卷，失此"八"字，拙作分量大减。我已函"书评广场"编者呼延华，请其更正。可能不熟不加着意，如你相识，可打一招呼。

《永久的悔》一书昨晚收到，确是编得有特色。恕我直言，校对较差，我一晚读了半本，发现错字已超合法率。即以拙文为例，页4第二段倒四行"骂骂檠檠"，不知据何文，我写为"骂骂咧咧"，错得较怪。但这是小疵，不掩大醇。一位小女子，抛洒一网，把有大名、小名、将要成名和名不见经传的男女老少打上来摆成一大盘，这不能不使我佩服她的魄力，至少可以说是一次豪举！

全书我只是1/77，但还是要买几本作纪念。有许多名家打底，而使没没无闻之我僭居首篇，确是有发射第一颗导弹的辉煌。至少要在我家乡萧山图书馆、我一生工作的南大图书馆雅藏一番，送儿女各一本，自留一复本，岂不妙哉！如果小蕙出面按作者七折（或 75%）优惠，则老夫肋条上可少摘下几文钱，发挥点"高老头"的风姿。

近来又撒什么网，老夫颇愿自投罗网。

即问

好！

新夏

3.12（1996）

22

小蕙：

今天看到这一期人物写真附有照片，我正好翻到一张陈垣先生写给我那把扇面的照片，检寄给你，是否用得上（不太清晰）。如难用，放在你处当藏品，不用寄回，我还有一张。

我最近遭到很大的不幸。我的高龄 94 岁的老父在月之 14 日谢世，虽是无疾而终，但总有丧亲之痛，尤其是灵堂告别，悲不自胜，痛哭一场，结果引发房颤达 200 次。幸有陪同医生即注射针剂，但体力大损，卧床数日，今日基本恢复，起床写信给你。人生百岁，终有一死，何苦争名夺利，尔虞我诈，我又进一步省悟人生。祝

快乐

新夏

3.21（1996）

23

小蕙：

从日本回来，一直感冒，处在半休状态之中，曾去京参加过"林则徐禁毒思想与当前肃毒问题研讨会"，听到各地公安部门汇报缉毒及毒氛泛滥，

中心如捣，无毒国之美名等待召唤，一直怏怏者多日。

在京期间，本想与你通话，但几次未能如愿一晤，所以未打电话，希望在新疆能见到你。八月下旬，我可能在京出席国际图联大会（各国参会者共 2400 人，我国 700 人。天津 7 人由我带队）。

前几日精神稍好，写了风情小文送你审阅裁定。

祝

愉快

新夏
96.7.1

24

小蕙：

很高兴这次在京一晤并能倾谈，可惜未能休闲一日。

我九月一日离京，即直接到华北会议会场担任主持人，五日方回家。翻看存报，见到艾达一文，对我高度评价，十分感动，但出误差终究不是好事，今后更应注意。

我前寄去一稿《卖身》，在去京前有人急需填空，即付与，近已刊出，所以存在你处此稿请删除，以免两见，歉歉。

新疆之事因经费未酬齐而落空，日后再寻机会作西北之游。

最近因连续开了十几天会，感到有点疲劳，想松散几天，但《林则徐年谱》校样又送到，只好埋首于此样了。

祝

愉快

新夏
9.6（1996）

又及：

正要发信，又收到转来读者来信，写信人是天津社科院一位退休学者，人很老成，我认识他。想不到此老也出来凑热闹（事先也未招呼），既给你添了处理函件的麻烦，亦使我汗颜，出了错反而成了好事，直是以丑作俊，益增惭愧。

这次去京能面晤真是难得。其实你到天津见访这是破例。下次进京，我将请你去吃"老莫"。

我回来后一松下来就感到非常疲惫，真是树老怕空，人老怕松，还是拧紧发条，倒显得精神抖擞。"老骥出枥，志在万里"，略改魏武二字以作座铭，不知以为然否？

新夏
9.8（1996）

25

小蕙：

你好！

收到你有史以来的一封长信，很高兴。感谢你对我的信任，吐露自己的抑郁。从我们的交往中，这在你是有选择的。

你问我，你是否争强好胜？我的答复仍然是"是"，而你的一切烦恼皆源于此。你说你不争名利，这是对的。但是你指的世俗间那种讨厌的名利，你讨厌这种名利，但这决非你无追求。你企望一种完美的境界，一切都纯洁可爱，自己的周围和作为应都是完整无缺的。这种思想上的乌托邦给你带来诸多困惑。这种困扰比世俗名利更容易陷人于颓废。你并非是"心如明镜台"。你想社会没有尔虞我诈，人际间无猜忌倾轧，工作上一帆风顺，家庭和美理解，子女自强不息，这种要求是合理的，但都是空想的。如果都是这样，世界也就到了顶峰，也就是濒临"圆寂"，凤凰也就要"涅槃"了。解决的办法是一让自己"俗"点，适应点现状；二视一切如草芥，我行我素，任他人如何，走自己想走的路。写文章既是自我排遣，又是给人以完善，而实际上也在骗人，让人相信世界是美好的。文人笔下正是给困扰者一种慰藉，人们相信了得到安慰，但永远不会是现实。我们写了文章，虽说有点明知故犯地成为精神骗子，但总算给人一种希望，这就是心安理得。文章写得好坏只是主观标准，言人人殊，你在《读书报》上讲的故事，很锋利，这是吐露怨气，闻道者感到痛快，同情者感到激愤，而被指责者必然骂娘。人际间由于经历、学识和承受的不同，天然地会有歧异。你看不惯，但他没有你这支笔，只好去追求那虚假的职称。你觉得你没有得罪人，但你的努力和成就使他（她）们自惭形秽，那就会被人嫉恨。开始我也感到委屈，但渐渐地想到"不遭人忌是庸才"，我虽难自封为英才，但至少不是庸才，所以才遭忌，这就不能不使人崇敬鲁迅创造了一个"阿Q"。阿Q万岁，有时当当现代阿Q也倒心境平静。可能你会骂我这个既得利益的老头子，又在说风凉话，可我说的是实话，而且是不随便和人说的实话。至于子女，不要期望值太高。人（包括大人小孩）都有自己的活法，你的教育一定合潮流吗？是否也是一副镣铐？对子女放任自流是不负责任，但整天教育也很烦人。让人说"韩小蕙的孩子真不错"又增加多少光采？养儿防老早已过时。我和子女早已讲清，生你们是一种偶然成果，你们对我没有任何义务。我们只是人世间比较熟悉的朋友，保持一种君子之交，把亲子情结解开。我的小集中曾为此写过一篇"解结"劝世。至于身后名更不值身前一杯酒。古往今来有多少文人，有多少文章，但传留者又有多少，而传留者是非精品也很难说，正如你所说自己得意之作三篇竟被删去，更何况有时又有很多偶然因素呢？你的家庭问题我有所耳闻，不太理想，那过去的让他过去吧。你由于不能在家打长途而想有个家，这是真情流露，但什么形式可多思考。像你这种性格，太较真，有些人不能接受，但这并不妨碍自己有个家。搞个独单，稍加整修，通上二气，按上电话，啜茶沉思，秃笔残墨，寻墨数行，也是一种潇洒。

其实，我这个人最要不得，把许多事看作银河系中的一粒灰尘、一刹那间，某些场合还要像模像样，枯坐时还要设法自我"排气"。你可能是我唯一写这么一封长信倾吐一下，请不要怪我浪费你的时间。最近看到季羡老在《读书》上的两篇通信，对其《四库存目》及《传世藏书》受到议论大发肝火，虽有失大家风度，但证明季老生命力还很强，我比他小十岁，如遇到此，有火也不会发，淡然一笑而已。人能烦、能发火、能生气都是生命力的体现。

最近曹禺、端木等等摆脱了烦恼，我周围也走了一些人，有的还不到六十岁，多少影响一些情绪。但一想多么大的人物、多么小的平头百姓在这个问题上一律平等，又感到快慰。

今天起得早（晨5点23分离床），洗漱完即坐下来写这封信，本想宽慰你一下，没想到文思喷涌，下笔不能自休，拉拉杂杂写了好几页。可能没有宽慰你什么，但却大抒自己胸中块垒。劝你不要文人气质过浓，读点史书，看古今兴衰、人间变幻，也许可以舒展一些。

开作品讨论会是件好事，因为你已摆在一个相当地位上了。但一要谨防小偷借韩会而作自我广告，顺手牵羊者流不请为妙；二是偌大一片林子，总有夜猫子叫，要有精神准备，有一些人是项庄舞剑，但不要气恼而应视为正常。你如通知我，我会去参加的。而且二、三月间气候条件也好，我当专程赴会。不请我也不会生气！

春节前可能不去北京。一则因朋友死的不少，情绪受些影响；二是社会俗务多，我前年为天津科技馆写了块碑文，受到人们肯定，类似事时有发生，最近还要为天津挂甲寺写篇沿革碑记，感到可笑，也是一种情趣。

我曾受托为《诸葛亮传》写了篇书评，题是《熔思想与事功于一炉》寄给呼延华，是否便中问一下处理情况。此问

好

新夏
97.1.15

26

小蕙：

你好！

通电话后知讨论会获成功，衷心为慰。

前次为友人所著《诸葛亮传》写一评介，投寄呼延华君处，时逾多日，未见刊出，请就近探询见告。

前函曾言《文荟》辟"人与环境"专栏，并已刊出文章。我近日因见南开臭河有感，写《小河的呻吟》一文送请裁定。专颂
近佳

新夏
97.2.21

27

小蕙：

收到来信，又在病床上（家中）。上次是心，这次是腹，二天之内一共腹泻五个正字加三横，真是"心腹之患"。在病中又接待了香港客人，会谈合作。这些事迹将来都可以写上悼词或悼念文字中，供君留用，一笑。今日已止泻，起来写信。

小文蒙留用，谢谢。

又托你打听我给呼延华一稿事，但你都避而未待，我只是想知道情况，如难用，我将转他刊，因我受一老穷书生之托。

你下问一事略有出入，现将具体内容另纸相告。

你的"拍案而起"与我那时颇有似处，但现在又有哪些不值得拍案而起？现在已有多种当代文学史，有谁不写进自己？见怪不怪，何足为奇。他们只为博点微名或留身后名，其实想不开。名人又有何价值？我最近写了一篇《名人杂考》抨击名人，尚在修改。文风如此，世风如此，如要拍案，只能把自己手掌拍肿而已，人家还要笑韩小蕙多余。至于身后名，那真不如生前一杯酒，要骂就骂，可以浇胸中块垒。但不指实，方为上策，也许这是老奸巨猾吧！

我四月至五月将去美国、加拿大等地讲学，也想写点随见，能写出点水平来，至少能入小蕙之目。

我有力量克服病魔，请勿挂念。

此问

好

新夏
2.28（1997）

28

小蕙：

谢谢你打电话来探病。

我又好了，又在工作。今天应邀为学生讲了三小时课，上座率甚佳，十分高兴，神采飞扬，一回家却成烂泥一摊，人就是这么有意思。

三八妇女节我在晚报上看到周明一文，报道了你的讨论会的信息。你可能已见到，但我仍然剪寄给你，各尽各心嘛！

我出国教委已批准，四月中旬将赴美、加。你想要点什么？因为我必定会带礼物回来，既然是好朋友，为什么不杀鸡问客呢，不要客气地告诉我。

即问

近佳

新夏
3.11（1997）

29

小蕙：

你好！时在念中。

我很好，身体精神双健。你总担心我过力，每次都要说到这个话题。其实我很相信生命是有定数的，有些人很懒散，但早日西去。所谓"生于忧患，死于安乐"，应是先贤的总结。就是希望你别操心，估计至少还有十年在尘世间瞎混。最近又在"赶节"——七一加回归，坐不下来。天津电影制片厂为七一与回归拍纪录片，我又被用了几分钟（实际用了一上午）。《林则徐年谱新编》学校用作回归系列活动，举办了座谈会，请了学术界和新闻界，我又去接受一上午的吹捧。和二十年前因研究林则徐被批判，并把我30多万字的定稿付之一炬相对照，我没有气馁，在四年农耕生活中艰难地恢复，如今成为近70万字的巨作，并由学校办会，认为这是对回归的奉献，我感到欣慰，因为这也是一种平反"昭雪"。我也感到可笑，明明一个人做了同一件事，30年间忽天忽地，是不是也算30年河东30年河西。把这段经过写给你，也许你将来缅怀我时可以作素材。

用了几天时间，在一处无电话，人们找不到的斗室里写了《五月的温哥华》，是我外访回来的第一篇感想。改了三遍，仍不满意，用否均可，但希望你改改。

我七月间想抽空去看看你，因为我们还有一笔老莫的账没有结清。祝愉快

新夏
97.6.25

30

小蕙：

你好！昨日电话中知你已平安返京，甚慰。

在京卧病，多承照顾。客居异乡，病中得名女作家照拂，亦云幸矣，合十相谢。

病前所写那篇《闲话"名人"》，你看后认为尚可，回来后又加修改。《文化报》曾要此稿，但我一直视《文荟》为首选，故先送你审定，如不适再投他刊。我另两篇稿子在你处，如一时难刊出，千万不要掬于情面，尽可寄回，我再另投。这种事本属平常，我是闲人，一时技痒，写东写西聊寄悠闲。寄你是彼此相知，不会有他想，今后也望本此宗旨，不知你以为然否？

那本小书你看了没有，有何观感，好让我能自我清醒些。耳边常是赞声，实为有害！专致

近佳

新夏
8.18（1997）

31

小蕙：

我从北京归来后，又将息了一段时间，直至八月中旬后期方见康复，本想多做点事，但酷热难耐，只好看点 VCD，充回时髦。电话所嘱食文化文章，我有三篇已发过者，新写又感费力，只把旧文寄上，由你法眼过目选寄，简介按要求写去。

在京时，《中国文化报》曾访问我关于随笔看法，我乱扯一通，主要想法曾和你在电话中谈过，不意记者整理成访谈录，不胜惶恐。因写随笔实为票友，心中无底，大谈道理，恐不足为识者一笑。你总是行家，剪印去请你抽出点时间仔细审读一下，写信给我，我也好作点善后补救工作。真诚的邀请并非客套，主要看你是否赐教了！你好！

新夏
9.1（1997）

32

小蕙：

你好！

上周聚会，很高兴度过一个下午，吃了一顿美食。回来后又勤奋起来了。

主编合同已寄去，想不日可收到，即望运作。有关林则徐的一出电视剧

因涉及林氏家族祖先形象而抗议，后《南方周末》（8.22）又发一文，指责林氏家族的干预。林氏子孙不服，又写了一文《也谈压力》，希望在《光明》影剧版上发，寄给我想法。我同意林氏子孙的说法，因有人以为我同意电视剧，电视台曾访问过我，所以我也愿借此文以正视听。但影剧编者我不认识，是否请你转请，实在不行，不要勉强，告诉一声即可。

前一期《文荟》发了柳荫关于一稿两投的文章，代我一吐多年郁积。立即写了一篇《一稿多投又何妨》，既在争鸣栏，可否也鸣一下？周末去京时带去和你商量。

我周五应邀去京出席《四库存目丛书》会，到京与你通话，可能再去老莫，是否占用你的时间多了？问好！

新夏
10.27（1997）

33

小蕙：

样报收到，以为会有小笺，翻来覆去没有找到，不禁怅然，因为总希望有几行字。

《无怨无悔》原为入集，又承刊出，谢谢。看来你想把我捧成散文随笔作家，创造亮相机会，一笑。

《闽西日报》已寄来，报纸质量不算高，与《光明》不啻霄壤，但是小蕙的安排只有照办。

我 10 月底——11 月初下江南，徜徉于西子湖畔，去谈《全清诗》的编纂问题（我是顾问团成员），下周将应邀去济南齐鲁书社社庆。

近况如何？念念！问近好

新夏
11.14（1997）

34

小蕙：

你好！

前寄一信，谅收到。

《中华读书报》已订，单据寄上，钱暂放你那里。寄取太烦，到京时再吃小吃。

我 12 月 5 日去福州，10 日到杭州，14 日湖州南浔访嘉业堂，16—18 日到宁波大学，19—20 日到萧山衣锦还乡，21—22 日返程，我在外地会打电话的。

你去缅甸日期定否，行程如何？暖气已修，可度日子，请放心。最近接了编《清文选》30 万字的任务。

东方之书①是否有讯？即颂

近好

新夏

97.11.25

《一稿多投又何妨》已在《生活时报》副刊 11 月 19 日发。

35

小蕙：

你好！

访缅归来，想必见闻甚多，未能面谈，只能等文章看。

你总劝我不要多参加会，我也不想多参加，只是已到"牌位"年代，有时迫不得已，不是不听你劝，好在这是"出工不出力"的活儿。

衣服已试过，夏天穿很合适，而且也凉快。你把老头儿包装成"吴

---

① 当指韩小蕙《体验自卑——韩小蕙随笔》，东方出版中心，1997 年 1 月初版。

努",也很有味道。远在异国,还想着为我买时髦衣服,几乎"热泪盈眶",再一次谢谢吧。

最近身体不错,请放心。春节后可能去京,希望你有空。

谢谢你发了《我的老师启功》一文,有人告诉我光明的《文摘报》也摘了。

专此,敬祝

新年至春节间愉快

新夏

98.1.5

36

小蕙:

你好!

我第四本随笔集已命名为《邃谷谈往》,已得你同意写了篇序,从书房谈起,谈邃谷,再谈往,统交百花并已订合同,10月份出版。

我自己写了个书名,尚有余墨,亦写了"欲休还说",只是好玩,没有为你题写书名之意,一并寄去供品赏。

今年是知青下乡30年,这是当代历史上说不完的历史。我忽想起编一本《知青随笔选》,多为忆旧之作,保存一份原始资料,并想推荐梁晓声为主编,广收知青中名人名篇,约30万字,二个月交稿,年内出书,条件如女作家随笔合同。你了解一下,梁是否肯作,我可以到京一谈。如你认为可行,我将建议南开出版社。

你那本在东方出的随笔集有无消息?念念。

我很好,有时想打电话和你谈谈,但怕你烦。

天气有转暖之意,我亦准备从冬眠中醒来出笼。

《文荟》另一半已看到,格调偏低而杂,但容量似乎多些。你编一半,工作量轻,是否还另有任用?专此,即问

近好

> 新夏
> 98.2.15

37

小蕙：

你好！

前寄一信收到否？所编《当代女作家随笔选》当近尾声。

最近读报，见有梁晓声被人作伪而遇到不说理的。我虽不识梁君，但路不平有人铲。我随手写了一篇《谨防克隆》消消气，立意笔墨是否可用？如《文荟》最近能刊最好，如有困难请告知一声，我当别投。

天气渐暖，精神也振奋起来，又有点蠢蠢欲动，目前正准备去澳门大学的讲演稿《张东荪的文化观》。

《依然集》下月初可见书，当寄赠一览。注意身体。顺颂
春祺

> 新夏
> 98.2.21

38

小蕙：

收到来信，很高兴。

据说张北地震磁波影响，许多人心脏不舒服，当然我这个心脏病者更为敏感。昨日特准备了点氧气用以急救，但这是周围人的杞人忧天，我自感尚有福未享，有罪未受，总得八十以后再商。现在恐怕没商量，因为我还妄想再火一把。

你房子解决真大快事，所言"余奔波四十余年终于有家了"，未免文学

夸张，阁下芳龄只有四十余岁，何至奔波四十年？又，孙中山"余致力国民革命四十年"而革命尚未成功，同志仍须努力，而阁下四十年居然成功可喜可贺，今后去京当有去处。别无所需，干红、煮花生足矣。

　　被关在屋里三天，十分气闷，泡制了一篇《我的书斋》，以古文人文自觉别有风味，请君一读，可用则留，不可用告诉我一声，也无须退稿，因电脑中已有。

　　令二老来津，本拟"狗不理"招待，而二老十分客气，连寒舍旧斋未遑一顾，至感不安，而犹得精神老头之誉，实为荣幸，请转达谢意。

　　日前电视上看到邓友梅穿一疙瘩绊直领单衣，别有韵味，或见赠之缅服当有此味，俟天气稍暖即试穿之也。

　　日前刊出"润笔"一文，谢谢。又蒙人一评论，益增惭愧，也是对老头一种鼓励。

　　《欲休还说》序是否动笔，我听说已制作封面，争取下半年见书。

　　今日天津阴雨，但我精神却好，出门去逛家具店，买了一张转椅，花掉三百元。天津有一新家具城质量好，你可以来看看，为新居安设岂不是好！

　　此问

近佳

新夏
3.18（1998）

39

小蕙：

　　节日愉快！

　　信已收到，改了就是好同志。

　　对照二文一读，味道大不一样，已由川菜改为苏菜。二文寄还。

　　我似乎又由马克思眼皮下溜过来了，精神特好，独立寒秋，挥洒自如，二天之内写了三篇文章（随笔一、书评一、评审书一），神采风扬，大发少年之狂，不亦快哉！

本想节日相会，不意可怜天下父母心，伟大的母亲！

最近连续收到无数要我入名录、入大典的信，形形色色，气得很，准备写篇《信的困扰》发泄一下。祝

快乐

新夏

5月1日午（1998）

40

小蕙：

你好！

前次通话值你忙于家务修理，未获多谈。

我自山西归来，写了篇感受送去你看，是否可用，并请批评。如不能用请见告。

孩子升学问题解决否？念念！

近年气候较好，我身体亦是显好，精力又回转。我想就此机会完成几年未交稿的《北洋军阀史》。

下个月已被安排到大连去休养，我接受了。即问

近好

来新夏

6.18（1998）

41

小蕙：

你好！

前者《活页文选》（中学版）邀我写和中学生谈读书，现已刊出，寄来

十本，我送给亲友一些中学生，也送给梁思彦一本。

家中病人恢复甚慢，至今尚在医院，仍不能起坐，大小便无知，说话甚慢不清。我已投入近七万元，其单位仅出一万元，已称达最高数了。一介书生，所存几何，已由小康降入贫困户，一生又未张口借钱过，日前卖了一部分书，好在将来也会散失，一钱不值，一大堆书换了一万元。准备拼命写，堤内损失堤外补。人生本来是一轮回，寿短者赶不上第二轮，年高者亲历轮回，原来轮回之说并非迷信虚构，而是人生经历总结。我不以为苦，仍以能亲见为乐。

最近手有些颤，字写不成个。

日前，出版社把你编的女书送来我看清样，尚未看内容，一看封面不觉大笑不已。原来编者"韩小蕙"变成"韩小葱"了。我看"小葱"也很别致，既是郁郁葱葱，又可拌豆腐，你如看也会大笑不止。

安家马虎些罢，不要精益求精。

很寂寞，望常有信来。

你好

新夏
7.24（1998）

42

小蕙：

已有多日未知近况，念念！

新疆一行，写坎儿井一文，尚少涉及者，见闻与文献结合，未知合《文荟》口味否，不用请退。

近作《枫林唱晚》已出版，尚能入目，另邮寄请指教。此问

近佳

来新夏
8.20（1998）

43

小蕙：

感冒好了吗？

电暖气买了吗？不要疼钱，如舍不得，由我捐赠，好吗？

寄上近作《长寿园碑记》，为天津蓟县一景所写，已上石立碑，此文酬金一千元，正可支付一月护理人薪金。

方志界出一争论，比较尖锐，寄去原发谬文，拟题如次：

（1）中国修志传统悠久，二千多年的志书特点是什么？

（2）新中国首批修志事业发展历程。

（3）最近听说方志界有一次比较尖锐的争论，愿闻其详。

（4）如何对待学术争鸣（畅所欲言，知错必改）？

（5）开展学术争鸣的关键是什么（媒介支持）？

你好

新夏

11.3（1998）

44

小蕙：

访谈录已撰好，不知是否能入法眼。

看你信又高兴又记挂。你肯倾诉免得压在心头，但又不能慰问，只能悬念。我想人生不过如此，上天不公本来就是如此，有多少人抑郁而终，我们总算无负于来人间一回，虽未大辉煌，也有过萤火虫那样的亮光，对人们精神生活多少有点奉献，也靠秃笔发泄点悲愤，这就算不错了。

你因购房生出许多感伤，大可不必。你感到无依无靠，甚至想不如找个依靠。这是大错，其结果究竟谁靠谁，一个屋檐下有更多烦恼来。你是过来人，应该明白。钱是流动的，花了再赚，借了再还。人可是固定的，千万不要一时冲动,乱了阵脚。

我最近体力下降,下肢浮肿,气短,前一阵子赶写了几篇重头文章,有点累。赴台问题又多刁难,甚感不快。医生嘱我入院检查调理,准备明天去当"院士",你不要赶来,也不要写信来(别人代收,难免有误)。十天后我出院立即打电话给你。我对病能善待之,生老病死,看来我已进入第三阶段,既来之则安之。

前者为《中华活页文选》编了一期,是禁烟诗文,比较熟悉,加了些注,尚可入目,特寄去一份看看。

祝你豁达。即问

近佳

新夏
98.11.15

送你一幅最近的玉照。

45

小蕙:

我又住进病房了,是旧病重犯,又添了点小病(腿肿),但离八宝山的路程还很远。

我为护士们写了篇说好话的文章在报上发表了,她们很喜欢我,有空就来陪我聊天(一人住),但总代替不了我对远离200多里忘年小友的思念。

这些年来,我们在平静生活中有所往来,增长了友谊,也是人生一种难得的际遇。最近在病床上看了《胡适与韦莲司》,很受感动,原来人间自有真情在。

你的经历我已基本了解,很不容易。奋斗到这步田地,宏观上可以想通,但遇到具体问题就难免波动。我很欣赏你"不会乱了阵脚"的那句话,如果需要倾诉时,我也会倾听的。只希望你把一切看得淡漠些(包括个人生活、事业和孩子等),期望值高不是件好事。

我躺在床上想自己虽已七十多岁，但有许多事看不开，事业、成就想更多点分母，身体却不出力，最近感到力不从心，但又想"死而后已"。

一直想去看你，总不能实现。当天往返确实很累，多住些日子也有问题，一天100—200元房租可怕，又不愿打扰别人，但这种悬念也是一种满足。

我去港台澳的日期大致没有太大变动，月初可能启程。下周把论文再整理一下，你一再说"不要给我买什么东西"，我只在"不要"后面添二个字"忘了"。

《中华读书报》单据寄去，能解决就解决，不能，把单据扔掉即可。

此问

近好

新夏

11.20（1998）

46

小蕙：

遵嘱寄去文章。

（一）我自认够得上散文者两篇：《也无风雨也无情》《枫林唱晚》。

（二）随笔四篇：《光明》一篇，《中华读书报》一篇，《人民》一篇，《天津文学》一篇。

我看差不多，请韩法官判定可也。

我虽出院，但身体尚非健者，出去当遵"平平安安回来"的旨意力行。

近日甚望既需了未完事，又要准备去台诸务，忙于准备。

此问

近佳

来新夏

11.28（1998）

47

小蕙：

　　你好！

　　我的病总算又好了，实际上又靠近马克思一步了。

　　我在病床上看了你在《生活时报》上的文章，又在《中华读书报》上看到评《女人不会哭》一书的文章。

　　我回来后只写了一篇《过港行》的文章，给了《生活时报》。

　　快过年了，准备收拾书包过新年了。我还有点咳，甘草片比较有效，你如还咳，不妨试试。

　　寄去在台湾演讲的照片一张。

　　希望新的一年能去一次北京，共进韩记晚餐。专颂
春禧

来新夏
99.1.20

48

小蕙：

　　你好！

　　在病中读了你寄来的论战资料，我又把《中华读书报》的原件找出来（12月9日，我在台湾回来即病，未来得及整理旧报），认真地读了两遍，我想以忘年至交的身份谈点感想。

　　（1）第一篇文章该写，把窃名盗誉者面目揭示出来是应该的，而且文章虽凶，还是有理有据。

　　（2）高某复文确是意气用事，已经出口不逊，难怪你愤怒、冷静不下来，于是反唇相讥，又骂回去，而且又把锋芒指向副刊，这是不智。对高文应该泰山倒于前而不惊（何况高不是泰山），嗤之以鼻、置之不理，求公道

于众人。

（3）这次论战虽表现你正直性格，但也给别人提供了"炒"的条件，特别是第三篇复文，无异是产生为人炒的效果。如高文发后，你置之不论，让人看到高的自我暴露。你不反击，显得宽厚而鄙视对人，有绝大部分人会站到你这边。

（4）高的第一文，显然有挑战性，布下陷阱，你跳进去了，他炒热了，天真的小蕙上了当。

（5）你还在中年，日后尚有几十年，不要一时冲动，不做亲痛仇快的事，不要过多树敌。

这些都是老朽之言，视作诤言吧！

我在这一期《天津文学》上发了一篇《乡居四年》，想写出"文革"苦难中也有某些情趣，你是散文名家，请指点一二。

我的咳嗽服了10服汤药后已见恢复，咳嗽次数大减，也不撕肝裂肺地咳，体力也增强。躺在床上想了许多素材，有点写作冲动。昨日起床写作，写了一篇《名人的滋味》，用个人故事讽刺名人，看到你又得回《文荟》的部分阵地，长期没有发文章，所以寄给你，能用则用，不用则退。

春暖花开，总想到京一游。希望在你悠闲的时候品尝一下你的手艺。

专颂

近佳

新夏

99.2.25

49

小蕙：

你好！

上周去京，多所打扰甚歉，但时间匆促，未获畅谈为憾。

我相劝的道理希望你采纳。儿孙自有儿孙福，望子成龙为父母者均有此念，但人人成龙也就无龙了，把自己未达到的愿望寄托在孩子身上，既是奢望又不现实，期望愈大，失望愈苦。把自己安排好最要紧，孩子的爹要插手介入也不要拒绝，担子何必独挑。

散文选稿遵照你的建议寄去，"迁"稿略改数字。

我一切尚好，下周去山西平遥。

专此，即颂

近佳

来新夏
6.1（1999）

50

小蕙：

你的来稿已交校刊，他们意将收入纪念文集，并寄去校友通讯一本。

我关于"迁"的短文已寄去，请查收。

今日收到你的退稿，谢谢你们的真诚。我近几年已经很少听到逆耳之言，这对一个人特别是一个文人确是不幸，你能以忘年之谊直率处理，确是爱护之情。

我将在台湾学生书局出一本书话，写了一篇《关于书话的话》，自我感觉尚好，不知有无个人化，看能发否。

晚车去平遥，一周回来。重庆市有会，请我6月21日到。我已婉谢，因为太疲劳，怕送掉老命。

注意维护好自己的心态。

你好

新夏
6.7（1999）

51

小蕙:

你好!

刚发一信,检近期旧稿,感到 5 月间发的一篇《书生论》比较好。前寄关于"迁"的一篇曾被选过,时间较早,是否能以《书生论》入选,请定夺。

新夏

99.6.18

52

小蕙:

在山西知道你来电话,必有要事,但西马厂一直无人,后在老宅知你已病,回津后又多次联系,无法通话。后辗转设法得到你的手机号,才知你有如此恶症,甚为挂念。最近两次通话略为放心。一切事情既来则安,尤其是病,不要太走心。天气酷热,我也难以去京看望,正好有学生送来几盒洋参片,寄去一盒,虽无显效,但对术后滋补,据说尚有用,请查收见告。

我一切均好,眩晕已见好,现准时服药,维持正常,两周只写了 2000 字,亦慵懒至极。

我的稿子你不必费心,我会与她们联系解决,会有报纸要的,你放心。祝

早日康复

新夏

7.2（2000）

小铁盒带在身边,随时服用。

53

小蕙：

你好！周日下午收到赐函，电告未通。

改稿似乎没有敞开，我是从谏如流的明君，为何还不大胆动笔。

此文又请校内人看，也提点意见。我综合各方说法，又从记忆中挖点资料，重新写了两遍，觉得比上一稿更充实些，语言也准确些，寄请审阅订正。有些概念我保留了己见，你斟酌为好！

这篇文章写完如释重负，因未敢草草敷衍，掉以轻心，所以有点累，如何犒劳三军？

你不要死呀活呀！好死不如赖活着，何况还有些并不坏的朋友在你周围。

你好！

新夏

12.14（2000）

54

小蕙：

你好！病情如何，时在念中。打电话又怕惊扰你的"白日梦"，只好写封信慰问一下。

（一）对子女要求不要太高，要有度。

（二）对病要既来之则安之，你的病灶部位不是险区，化疗到一定时候可停一停，主要在营养。

（三）我在你处两稿，我想问蔡（是南开学生），如近期难用，我将另投，是否可以？

（四）最近北京朝华出版社约我编《当代学者游记选》，上下二册，上是国内，下是海外，拟选20位作者，每人四万字，最好国内外各半（约数），如只有一头也可，年底截稿，明年上半年出书。你看可行否？你能否提几位名单，季、吴诸老还须你出面约稿（信由出版社具名出面）。

（五）我的身体比春天好点，眩晕已不再犯，饭量增加，看看书，每天写三五百字，和朋友电话聊天（上月话费400余元，惊人），做点饭，睡点觉，颇为逍遥，花了一万六买下身底下房子120平米，可以老死于此了。

（六）天津连降两次大雨，稍去暑气。

专颂

近佳

来新夏

7.18（2001）

附上去年10月校庆时在新校门前照、今年6月在娘子关飞瀑下照，供君一览。

55

小蕙：

文章终于写完，一看日历，还在11月，没有违旨。寄去仍是初稿，希你认真修改，有些观点希望保留，对你的评说实事求是，绝无感情成分，望不删。

好久没有写3000字以上文章（被报上千字文框住了），这次5000字以上，写来还称顺手，廉颇不老，增强了生存信心。

张世林处应不断催他，并告以有人在竞争，以引起注意。祝

康健

新夏

11.28（2001）

56

小蕙：

　　你好！

　　上次寄去《闲话名人》一稿，想已收到。今日检读存盘，发现有一处需改动。在第二段第二行中，原有"三国许劭"应作"东汉末许劭"，许虽与三国曹操等有交往，但史传收在《后汉书》，而也死在末年，故应作"东汉末"，如用此文发表时请改正，如不用则不管它。

　　我身体已康复，你东北之行如何？丹顶鹤恐已遭污染之害，可叹。

　　天气又转热，真正难耐，全世界都如此，是否已是末日收人之时？

　　即问

近佳

新夏
8.26（2002）

57

小蕙：

　　你好！

　　十一日是传统的端午节，亦是韩大小姐 51 华诞，本拟由邮局送花致贺，听说已起驾西巡欧陆，只好秀才人情以寸笺致意。当回銮时能看到此函，不胜荣幸。专此致贺。顺颂

暑日凉爽

来新夏合十
05.5.6

58

小蕙教授：

　　你好！

　　大驾巡幸欧西，想已回銮，当有源源佳作以饷读者。

　　教授衣锦还乡，荣膺显衔，又当祝贺，为南开增一亮点，实足钦佩。老夫耄耋，见此不禁畅然，谨剪寄校刊要闻一则备存查。

　　专颂

近佳

新夏
05.6.13

59

小蕙：

　　你好！

　　到处奔走又吃药了，何苦。你应有的都有了（家庭只是包袱，婚姻只是绳索），多写点佳作，清闲一下，"闲身自有闲消处"，望能共勉。

　　南京董先生（《开卷》主编）编了一本《我的书房》，托我转赠一本给你（附见给我的信）。主旨是想宣传一下，烦我写文。我想一则我的小文收入该书，不好自吹；二则即使我写，你也不会发，所以婉谢了。只把书转给你，闲来看看也蛮有趣。

　　天气酷热，望多珍重，别玩命啦！

你好

新夏
05.7.4

60

小蕙:

　　你好！奉命写成一文，加了夜车，怕耽误事。但仍感书袋气，已由办公室发去 Email，可用可改，亦可不用，总算尽心效力了。

　　近来身体尚好，只是眼睛日差，担心成为左邱明和陈寅恪。望珍重贵体，知足常乐，别玩命啦。

新夏
9.27（2005）

61

小蕙:

　　近日凉爽，忽成一文，拟在《读书报·家园》或《光明报·东方》发表为宜，请与有关主持人一问，如均不感兴趣，请告一声即可。即问
好

新夏又及
（2005.9.27）

致罗雪村　2通

罗雪村（1955— ），北京人，《人民日报》文艺副刊编辑，画家。

1

雪村先生：

　　来函及大作均拜领，谢谢。

　　速写头像，形神俱备，衷心爱之，妄加干求，实感唐突，而惠以原作更感。所嘱题写书票，本应毛笔书写，惜本不善书，近又目眊手颤，故以硬笔书写，实属不伦，尚请鉴谅。惟书票底纸，盖章不清，另纸盖名号章二份，请制作时备用。拙作《来新夏随笔选》为弟子赵胥选编，直排繁体，自印，可称"家印本"，呈赠一册，聊当报李。尚祈指正。

　　肖像速写由我写我文，可请舒晋瑜（《中华读书报》）考虑。妄加建言，祈谅。顺颂

秋祺

九十叟来新夏
10.2（2012）

2

雪村先生：

　　样报已收到，谢谢。

　　现寄上小稿，请裁定。

有关钓鱼岛的随笔是否能发，便中见告为托。
　　此问
近佳

来新夏
10.26（2013）

致自牧 10通

自牧（1956—　），本名邓基平，山东淄博人，《日记杂志》（初名《日记报》）主编，作家。

1

自牧兄：

　　三日退烧，周身无力，五日开始整理日记，原汁原味，未加增修，约近万字，聊以塞责，延误之处，务祈亮察。顺祝
新春好

来新夏
06.1.9

2

自牧先生：

　　你好！

　　清样已校好，删去两条家庭琐事，并订正若干错字。

　　题签二则，不理想。本不善书，又年高目眊，著笔不准，存真而已。有一则因视力差，盖反章，另盖一处备用。

　　另附上小传照片（用后请退还）。

　　专达，祗颂

春祺

来新夏
06.2.16

3

自牧先生：

《日记报》一册已收到，所嘱题签二则写好奉上。字写得不好，请勿见笑。

专复，即致

近佳

来新夏
4.24（2006）

4

自牧：

大作并来函均拜领。欣逢知命之庆，本当趋贺，但不悉有何安排，尚待见告。兹遵嘱先书"惟道集虚"以贺。但素不善书，丑陋难当高贤之目，谨以志老朽之友情耳。

另二书名同奉上，请查收。何日来津，当谋一晤。专复，即颂

秋祺

新夏拜上
8.14（2006）

5

自牧：

　　来函收悉。遵嘱写《寒亭区志》书签，不甚满意。本不善书法，兼以高年目眊，更不堪入目，勉力献丑，尚希见谅。

　　我一切均好，勿念。即颂

时祺

来新夏
07.7.18

6

自牧：

　　你好！所嘱写序一事，自当照办。经数日阅读，乃成一序。伸延较多，以致序文较长，你可删节。

　　在《淡庐日志》中插有我与你的合影，但核之文字，无此记事，显得图不对文，不如撤去。如你想留此影于书中，我建议可插在我的序文中，不知尊意如何？江西会议有何花絮，便中见告一二。专颂

俪祺

来新夏
12.4（2007）

7

自牧：

　　久疏音问，近况佳胜为祷。

近作《书前书后》①小书一种，寄请指正。另一册请转致明祥。
即颂

冬祺

新夏

12.14（2009）

8

自牧兄：

来函收到。嘱写字一幅，近来目眵益甚，两笔常写到一处，硬笔尚勉强，而毛笔则丑陋不堪。亦不能作大字，但蒙垂爱，多年老友，情难以却，谨择晴天，面窗录元稹诗以作纪念，尚祈见谅。专颂

新春好

来新夏

10.1.8

9

自牧：

你好！

日前，有一薛姓教师打来电话，要我为李心田先生题书签。我与李先生有一面之雅，尽可亲自嘱托，为何由一素不相识之人来告，难辨真伪。但又怕李先生事，且李先生地址我亦不知，故寄你处理，弄清真相告我。

天热，注意身体。

全家好

新夏

7.21（2012）

---

① 来新夏《书前书后：来新夏书话续编》，三晋出版社，2009年7月初版。

秋丝绕舍似陶家，遍绕篱边日渐斜。不是花中偏爱菊，此花开尽更无花。

戊寅初春录元稹菊花诗书自牧兄属

萧山来新夏学书

2010年1月8日致自牧信所附元稹诗签条

10

自牧兄：

　　来信及各书均收讫，请勿念。所嘱题签已照办寄上，请查收转交。我近年精力衰退，又本不善书法，故题字等动用毛笔事多被婉拒。兄多年知友，只能勉为其难，在精神状态尚佳、天气晴朗写三五个字，自视不堪入目，望日后多加照顾，勿嘱办书事为请。

　　蓬莱书院在何处，规模条件如何，是否适合一游？如有可能，二人同往十日足矣。交通条件是否方便？统祈垂告，切不可勉强。专复，祗颂

近佳

来新夏
2012.9.2

致李辉 2通

李辉（1956—　），湖北随州人，《人民日报》高级编辑，作家。

1

李辉兄：

你好！

天津开私家藏书文化论坛，我为了凑热闹，赶写编了一本《来新夏谈书》。

天津一些小朋友为祝我"米寿"，以草根名义编了六本小册子，寄你消闲。

我一切均好，正在冲刺超九待百，一笑。

秋爽

来新夏
8.31（2010）

2

李辉：

你好！

很高兴收到你的赠书。80年代对我也很重要，是我的新生年代。我比你缺乏思考，对人对事你都能深入想想，这之所以成书之缘由。80年代是个值得纪念的年代，是容人回忆的年代，可望而不可及的想往奇迹般的出现，炼狱中灵魂破土重生，想干而不能干的事容你展现。我在这 10 年中，有了话语权，不再当啦啦队或运动员。我感谢 80 年代，与小我三十几岁的你相比，读更有趣味。90 年代有点下滑，我的"辉煌一瞬"也过去了。我庆幸赢得了一个较宽松的年代，写了近千篇随笔，也算不负此生，尤其能于高龄读到你们这一辈人写的佳作，并引动一些遐思，谢谢你的赠书。拙作小册子只供赏玩，不足登大雅之堂，只想告君"有生之年，绝不辍笔"之痴念而已。顺致秋祺

来新夏
8.21（2013）

致朱则杰 6 通

朱则杰（1956— ），浙江永嘉人，浙江大学中文系教授。

1

则杰先生：

来函并尊著《朱彝尊研究》均收悉，因外出方归，迟复为歉。

先生学有根底，主持《全清诗》工作自可游刃有余，仆虽痴长年齿而荒疏日甚，备位顾问，实感难符，惟当勉贡绵薄而已。

宋、元、明、金各朝诗总多已着手或问世，可资借鉴，稍加翻检某种亦尚有可商榷之处，发凡起例当为着手要务，尚望先睹。专颂

著祺

来新夏
94.9.3

2

则杰先生教席：

来函并工程简介均收到，深感阁下殚思竭虑，为学术作贡献，艰苦奋斗，至堪钦敬。愚虽垂暮之年，但老骥尚谋出枥，定当出其余热。愚籍隶浙江萧山，故尤当努力。

本月下旬，愚将应邀至萧山出席汤寿潜学术讨论会，会期 25 — 28 日，可能在杭少事勾留，如欲一晤，可于 27 日与萧山政协联系（电话 2623314 或

2621864，联系人陈志放或陈岚），打听我的下落（问我的住处及电话）。

专颂

秋祺

来新夏

10.17（1994）

3

则杰教授：

春节好！

前在杭谈及《全清诗》编集时，我曾提及先祖为清末，写有数千首有思想内容的诗篇，曾自印过《鲍园诗集》，拟加标点整理，并已作为自定项目上报，去年冬已完成。经设法由天津古籍出版社承担出版，合书号及出版费用共 20000 元，有 700 余页、2400 首诗、60 万字，我曾向萧山市及有关方面筹资，所得不足，又个人出资 5000 元，始克付印，每册定价 50 元，六折即 30 元出售。为添补亏空（尚欠印刷厂 5000 元），向有关单位以六折发售（并已商妥由有关单位开具正式发票），为此函请阁下能否购进一些，希望能达到五十册（1500 元）作为先生一种资助形式，如实有困难酌减亦可。专此奉恳，尚祈鉴谅。此颂

近佳

来新夏

97.2.18

4

则杰教授：

来函并书款 65 元均拜收。

我原以为你手头已筹集有资料款，故而相求一助，孰料你也进展维艰而

自费购书二册。虽友情甚重，但也增我愧疚，实不敢冒昧相扰，至祈见谅。

先祖诗稿本因萧山市答应资助万元，我略加筹集即可成事，孰料萧山食约减半，而我已付出书号费，箭在弦上不得不发，现我已付出柒仟元，萧山资助 5000 元，共 12000 元，尚差四五千元，正向各方设法（浙图、杭图已允助，数字未定），现只能有来无往矣！

书将于五月份出版，届时当寄奉。

专此奉谢。祇颂

著祺

来新夏
1997.3.2

5

则杰教授：

你好！

现已由邮局寄上先祖《匏园诗集》五册。除先生资助应寄书外，又加赠二册，供先生送人和编《全清诗》时采录剪贴之需，至请查收为荷。收到请见复。此颂

著祺

来新夏
97.8.10

6

则杰先生文席：

在杭匆匆一晤，未获畅叙。所嘱《全金诗》[①]一事，回津后即与该书责

[①] 指薛瑞兆、郭明志编纂《全金诗》，南开大学出版社，1995 年 11 月初版。

编焦静宜女士商洽。焦女士因与阁下在舍侄女家中有一面之雅，又为好学之士，经主管部门同意，特奉赠一套（四册），已于日前付邮寄出，收到时请告知南大出版社焦静宜女士为幸。专颂

秋祺

来新夏

97.10.3

致来明骏 1通

来明骏（1956—　），浙江萧山人，美国佐治亚大学数学系教授，来新夏先生堂侄。

明骏夫妇：

　　贺卡收到，谢谢。

　　你的近况应该说是比较满意的，这和你们的勤奋努力是分不开的。我相信不久，你们会大大地超过我的。

　　我虽然身体尚好，但终究老了，除一些国际会议写篇论文外，只写点散文随笔，在报纸上发表换点菜钱。今年到萧山去开了一次会，会后在明敏家住了两天，与你母亲见面，大家都很高兴，只是明敏太累了。

　　来勇很努力，常有信来，我常劝他放松些，因为他身体不好。

　　国际数学名家陈省身与我有所来往，他在南开任数学所长，常来常往，不知你需要结交这类人吗？如你需要，我可写信介绍，这里数学所常有外籍人员来，在这方面你需我作些什么尽管说。祝
全家好

　　　　　　　　　　　　　　　　　　　　　　　　大伯手启
　　　　　　　　　　　　　　　　　　　　　　　　95年1月

致张殿成 1通

张殿成（1958— ），天津宝坻人，宝坻区地方志办公室主任。

殿成：
　　最近看到《南京史志》上刊有《区县地情馆建设巡礼》一文，可供参考，特寄去一阅。专颂
暑祺

来新夏
7.23（2010）

致曾主陶 2通

曾主陶（1958— ），湖南桃江人，岳麓书社社长。

1

主陶：

你好！

先祖来裕恂为俞曲园弟子，清末为早期留日学生、光复会成员，一生致力教育著述，曾任教海宁中学堂，求是学堂（浙大前身），上海大夏、大同大学，著述甚富。光绪末年，由商务出版《汉文典》（第一部文章学专著，1993年由南开出版社出版注释本）、《萧山县志稿》（1991年天津古籍出版）、《匏园诗集》（1996年天津古籍出版），另有稿本多种，其中完整者有《中国文学史》等，后被宵小盗卖。《中国文学史》手稿为中山图书馆自古旧书肆购得，后友人复印全稿惠赠，久无出版机会。2005春，得故乡方志办帮助，扫描数百册，赠当地有关人士。我曾经请友人整理，已全文输入电脑。

此稿系先祖写于清末1907年，今年适为百年，为先祖亲自墨笔恭楷书写，民国后又有修改为行书体。

现寄上扫描本一册，供参考。①

另外，我拟组织一套"文人游记丛书"。自改革开放以来，文人学者

---

① 该书后经整理，以《萧山来氏中国文学史稿》为名，由岳麓书社于2008年8月出版，责任编辑曾主陶。

多赴海内外游历访学，如能有十种左右一辑，主要为知名学者文人，半图半文，每种总量在二十五万字篇幅（含图占篇幅），是否有市场，供你选题参考。

专达，祗颂

近佳

来新夏
07.10.18

2

主陶：

你好！

来信早已收到，因与各方联系，以致迟复为歉，现奉复如下。

（一）先祖遗著《中国文学史》已请专人整理、打印刻盘，以原稿为底本，修改部分出注，直排繁体，加版框，线装形式，约在年底年初寄去纸本、光盘各一，其他条件遵来函所言，并望订立合同。

（二）"文化游记丛书"，初辑定 5 人，均为知名人士，都已允诺，附上各人通信地址及电话，我仅帮助策划，但不担任主编，由社方（或由你）主编，指定专门责编与各作者分别联系，订立合同，如初辑看好，再约续辑。

以上意见可否，请裁定。有事通电话。我 15 日去澳门，21 日返津。专达，祗颂

近佳

来新夏
11.11（2007）

致韦泱 2通

韦泱（1958—　），本名王伟强，上海人，建设银行上海市分行政工师，作家。

1

韦泱先生：

你好！

时读鸿文，心仪甚久，无缘识荆，深以为憾。承惠大作《人与书渐已老》，略加浏览，已见文坛诸公翩翩身影，何其幸也！嘱题拙作二种，涂鸦之作贻笑大方，谨题短语以志书缘。老朽望九之年，维持现状即已大幸，尚祈时赐教言，以破岑寂。专复，顺颂

著祺

来新夏

04.12（2010）

附邮璧还，以后也无需如此，祈谅。

另回赠近作《交融集》①，尚请指正。

2

韦泱兄：

您好！来稿及拙作三册均收到。

---

① 来新夏《交融集》，岳麓书社，2010年1月初版。

来稿拟收入我 90 初度纪念集，将于明年由中华书局出版。[1]拙作三种已遵嘱题跋，请指正。

近来北地日寒，我已不出门，在蛰伏期，待春暖再活动。身体无大变化，只是行路蹒跚，亦自然规律，无可逃避也。

耑复，祗颂

冬祺

来新夏

12.03（2011）

毛笔字久已不写，所命难以相应，歉甚。

邮票奉还，不要客气。

---

[1] 指孙勤编《友声集——来新夏教授九十初度暨从教 65 周年纪念集》，中华书局，2012 年 5 月初版。

致王余光、钱婉约　3通

王余光（1959—　），安徽无为人，北京大学信息管理系教授。
钱婉约（1963—　），江苏苏州人，北京语言大学教授，王余光先生夫人。

1

婉约、余光二兄：

猥以贱辰，承赐大札并佳品，至深愧怍。新夏年登望九，德言、事功一无足述，而不甘寂寞，时发悖论，幸贤伉俪曲加宥察，甚感。

超九望百，本为俗世善颂之词，新夏谨遵友好关注，珍重生活，善加自养，以与诸友好共之。

专申谢忱，顺颂

秋祺

来新夏
8.30（2010）

2

余光、婉约：

谢谢二位对贱辰的祝贺。

兹奉上为本次天津私家藏书文化论坛所编选之拙作《来新夏谈书》一

册，该书 P100 收有与婉约有关岛田翰之商榷文字，请指正。①

贤夫妇方当英年，而成就已令人羡慕。我虽在望九之年，仍当自励以求日进。专达，祗颂

俪祺

来新夏

2010.9.7

前奉一谢函，致北大余光处，未知入览否？

3

余光、婉约：

你们好！

大札并有关内藤一文均拜领。

内藤为日人来华淘书之魁首，抗战时期有些作为客观上对中华文化有所补益，但究其实质仍在希冀控制中华文化，待细读大作后再表示意见。

徘徊于"律师"与"公诉人"两端确是妙论，也许对事务能更客观些，我们这些历经日寇铁蹄，民族主义情绪更浓些，议论难免失之偏颇。也许时代决定人性，两代学者不妨各行其是，互补双赢罢。专祝

节日快乐

来新夏

2010.9.27

---

① 来新夏《来新夏谈书》，南开大学出版社，2010 年 8 月初版，内收《也说岛田翰的才与德》一文。

南开大学出版社
Nankai University Press

余光、
婉约：

你们好

大札至有关内藤一父均拜读。内藤多日人来华洵书之望存。

抗战时期有些作为客观上对中 华文化有所补益，但究其实他仍主 要抵制中华文化。待细读大作后 再表示意见。

《作细于"律师"与"公诉人"两端 确是妙论也许时事务纯更客观 些。我们这些历经旧冤铁蹄，民族主 义情绪更浓些，议论难免失之偏颇。 也许时代决定人性，两代学者不妨 各行其是互补双赢等。专祝
节日快乐

车新亭
2010.9.27

2010年9月27日致王余光、钱婉约信

致方晨光 2通

方晨光（1959—　），浙江萧山人，杭州市社会科学院研究员，《创意城市学刊》执行主编。

1

晨光：
　　为你写了一句贺词，因视力太差，一张好纸用反了，请原谅。字也写得很差，聊表心意。即颂
秋祺

新夏
一月十一日（2007）

2

晨光兄：
　　你好！
　　寄去《萧山水利》一册，请你写一篇前言，说明作者生平、版本状况、基本内容、价值及评价，1500字左右，年底前交回，最迟不超过2013年1月。一切拜托，附上我写的一篇前言，供写时参考。
　　万望忙中偷闲。即致
近好

来新夏
（2012.11.27）

致张继红 12 通

张继红（1960—　），山西原平人，三晋出版社（原山西古籍出版社）社长，编审。

1

继红先生：

大札并校样均收到，承推奖愧不敢当。此序仓卒成篇，难称尽美，可为塞责之作。校样已校过，敬希照样付排印行。

此序如蒙推荐大报刊发，不胜荣幸。望能寄样刊以便保存为幸。

顾问一席名实难符，如为工作需要，当可承乏。

稿酬一事本为等外，毋庸在意，多少早晚均非所计。

今后望时有联系，顺向孙先生致意。专致

秋祺

来新夏拜上

9.3（1995）

2

继红老弟如握：

收到来信多加垂问，谢谢！

我自国庆时因心脏积劳，曾住院休养，日前已基本平稳，请释念。

所言《名家自选文史随笔集》设想甚好，但"名家"二字冠于"自选"

之上，似乎有以名家自居之嫌。十五六万字本不费难，选用不是大量引，而是行文较畅之篇什也尚可以，但要求似不明确。中国青年出版社也有类似一套，但内容均为小论文，有人非议此非随笔。又是否需另立集名，篇幅是否长短不拘，参加此套书都是哪些人，是否都必须老朽，年轻点四五十岁是否可以？

宁宗一先生也可算一名家，手头也有些文史小文章，是否也可约一下？其他人待想好奉告，如何？此问
近佳

来新夏
11.19（1996）

如能来津面议一下最好。

3

继红先生：

近日想已去沪，未通电话，写信给你。

（一）对于丛书名称，经咨询各方，均告与社方推销市场有关，要我不要干预。但我总感到用名家太刺目，是否可改用"学者自选文史随笔丛书"，下面各取集名，副题可加《×××随笔集》。

（二）主编最好由贵社领导人当，我可备咨询，因我精力不济，如当主编，怕出差错，也担心不孚众望。

（三）我已代联络数人（连我共四人），均为学者型，作家不入：

① 来新夏：南开大学教授
② 宁宗一：南开大学教授
③ 王春瑜：中国社科院教授
④ 涂宗涛：天津社科院研究员

总人数最好在 5—10 人间。此四人手头均有成作，自选一集尚不难，都表示四五月间可交 16 万字左右的文稿。

（四）作者普遍希望不搞豪华，但要精品，封面典雅点（最好请作者自题书名，再配以美术加工），纸张好点，装帧像样点。

（五）王春瑜先生的北京地址是：北京方庄芳景园二区＊号楼乙楼＊＊＊＊，邮编100078。

王春瑜先生推荐舒芜。虽资望甚老，但我考虑舒老属于作家型，未同意，同时也考虑作者群不要过多重复组合，舒老是我上海那套丛书中的作者之一，王春瑜、邓云乡虽也是那套书作者之一，但王、邓仍属学者型，均可列入。

（六）我尽十日之力，搜求文稿。现编一目录，约十八万字，请提意见尽快寄还。

（七）望来津面谈一次。即问

近好

来新夏

12.10（1996）

4

继红先生：

春节好！

《沧桑》已收到，勿念！

利用春节补写了《依然集》①的序，改过三遍，想当能作全书序言，寄请纳入小集之首为幸。

涂先生文稿近日即径寄贵社，请查收予复。

关于丛书体例：

① 以出两辑为好，第一辑有来新夏、宁宗一、涂宗涛、邓云乡、王春瑜，第二辑为余人，这样可减轻编辑印制压力。

---

① 来新夏《依然集》，山西古籍出版社，1998年2月初版，收入"当代学者文史丛谈"。

② 希望六、七月间能见到第一辑。

③ 装印希望典雅。

此颂

近佳

来新夏

97.2.11

5

继红先生：

电话中所谈各点均已办理。

（一）涂先生处已谈过，据告已复函，修改和补交一部分稿，我意你从保证质量和社方利益入手处理，如可用则用，可改则改。如实在难以使用，或修改量大，亦可退，我当作解释。

（二）我的稿子补寄一部分，分别情况是：

（1）《钓鱼岛谁属》是我将《气冲剑匣 笔扫游魂》一篇书评补了一个结尾，应原作者要求作为日文版该书序言，标题改得醒目些，请用此替换原寄之文。

（2）《榆次市志》读后及《桐城市志》读后两篇志评，用以备选，入"新志读评"一项。

（3）其余（新写）七篇寄去供选择入《依然集》者。

（4）用完剩稿请寄回。

（三）作者简介看是否合用。

（四）近作《古典目录学研究》已出版，寄去一册，请指教。

（五）我本月十四日出国（美、加）访问，六月初回国，想能见清样。

你好

来新夏

4.8（1997）

6

继红：

　　来函及合同收到，现将一份盖章寄还存查。稿费问题多少不拘，请勿以为意。

　　合同中似应有作者购书百册可按 7 折优惠（一般出版社都有此一条），请在合同上注明即可，或来信说明同意即可。

　　我明日出访美国、加拿大，约在 5 月下旬回国，届时或已能见到清样。

　　前寄更换或补充之稿委托您全权处理。专复，祇颂
近佳

来新夏
97.4.11

7

继红先生：

　　你好！

　　最近我从南方开会刚回津，又因香港回归有各种名目的会，较忙。拙作《林则徐年谱新编》及《清代目录提要》二书相继出版，特寄奉二种，请指正。如能写点评论，在《文史研究》上发，当有助于书之普及，拜托。

　　又先祖遗诗二千余首，内容甚好，能反映 20 世纪初中国政治、社会，我个人出资印了千册赠人，也奉寄一册。

　　随笔丛书听宁先生告知已发排，甚好。不知何时可看清样？

　　书收到，望告知。专致
编祺

来新夏
97.6.21

8

继红先生：

　　来函拜悉，所询数事奉答如下：

　　（一）林公不偿烟价，确有此说，但不等于无补偿，因林公表示缴烟可赏赐茶叶。因不能满足英人要求，故有不偿烟价之说。瞿氏笔记记此，可不删除，因此并无损英雄形象，即使有误也不能说伟人无缺憾，笔记所记更可无忌。

　　（二）琦善以舟山易香港可避免入江内侵，纯为一厢情愿，蒋氏此说失之表象，周氏随笔及之，也无庸改动，因只是一种看法而已。

　　愚意如此，仅供参考。

　　另报纸一页也收到。

　　拙作是否已付排，望告校稿大约时间，以便安排。专颂
近佳

来新夏
97.7.12

9

继红：

　　你好！

　　昨日在电话中商谈拙作《中国近代图书事业史》出版问题，承允予以考虑，现寄上提纲并说明如下：

　　（一）该书以图书为中心，有关搜集、典藏、流通、出版、译书、藏书家等均所涉及。

　　（二）该书初稿撰写人系硕士、博士以上学历（我所指导）副教授学衔，并已发表、出版过著作。

　　（三）该书篇幅在 25 万字左右。

（四）现已完成初稿，并已打印成盘，经我统稿后五月初可定稿，交付存盘（你们可省一道手续）。

（五）稿费可按低限。

（六）可购书 200 册。

至祈尽早定局为盼。此颂

编祺

来新夏

98.2.27

10

继红：

你好！

我已启动《中国传统文化的传递》[①]一书的修订撰写和寻配插图工作。日前冒暑写了该书的序言，概括了全书内容，寄请审阅。这样内容是否合乎需要，即请见告为荷。即颂

暑祺

来新夏

8.15（2005）

11

继红：

谢谢你为《书文化的传承》一书所付出的劳动与辛勤。

我拟再购 50 册，请给以优惠并请开正式发票（书报费报销），其开法是：

---

① 后改名为《书文化的传承》，由山西古籍出版社于 2006 年 6 月出版。

1. 抬头开：南开大学。

2. 项目开：具体书名、单价、折扣、实收价。

其书款即请在稿酬中扣除。

我拟为贵社有关人签名本，请开列姓名及身份。①

来新夏
06.6.27

12

继红：

你好！

寄来拙作四册及《晋乘蒐略》《名人传》等多种，谢谢。

四册已按电话所告分别签名，送还请分别致意。

昨日，李永明先生电话告知，前寄20册，今日又寄50册，合70册。我估计他把你第二次寄够50册理解为20册外再寄50册。既已寄出，也不必再去说，即请在发票上开为70册，麻烦麻烦！

我妻子焦静宜因社里为面临退休资深编辑出一本书（有书号，赠书、稿酬均付），所以经过一年努力，整理历年成果，编成《星点集》一书，请指正。专此，顺颂

近佳

来新夏
7.5（2006）

---

① 以下有删节。

致来勇 8通

来勇（1961— ），曾用名来明长，浙江萧山人，美国麻州火箭软件公司高级软件工程师，来新夏先生堂侄。

1

勇侄：

8月27日来信收到，很高兴。

你能自我奋斗，努力工作，不仅得异邦人士赞赏，亦为个人解决生活问题，实为来氏争光，希望继续发扬这种精神。但你身体不十分健壮，还应劳逸结合，不要过累。

我今夏分到一套比较宽敞的房子，有四大间，虽不能与我在国外住所比，但在国内已很难得，以之养老足矣。

暑假明敏带着小慧到京津旅游，到我家住了几天，正赶上我搬家比较忙乱，没有好好招待她们母女。

我准备11月初应台湾淡江大学国际学院之邀，去台湾访问一个月。

我的新址是"天津南开大学北村新＊楼＊门＊＊号"，邮编、电话照旧。

此问

近佳

大伯手启

9.8（1993）

2

小勇：

　　收到你 16 日来信非常高兴。此次赴美深造，一方面证明你的勤奋努力已取得成果，另一方面你又为来氏家族获得荣耀，我们也因你而感到骄傲。特此向你致贺。

　　美国是一个竞争力很强的国度，有时甚至是毫无情面的。你要做好迎接挑战的准备，也要有心计去获得他们不轻易示人的高新技术，总之一切要"为我所用"。

　　你也不要回避自己的身体条件，你身体维持到目前状况很不容易，用力要适度，留得青山在，不怕没柴烧。除了不可避免的拼搏外，要注意节劳。如果经济能维持生活，不要去做体力打工，至多找点数据库输入的工作，不要过累。

　　在美国有明骏夫妇照顾，我们很放心。如有他们也难办的事，可来信。因我在美国有许多朋友，可以给些帮助。

　　到美国住下后，把通信处和电话写来。此祝

顺利

大伯手启
11.20（1993）

　　请转告你母亲，她寄来的礼物、照片早已收到，谢谢。

　　注意：我的名字是来新夏，不要写成"厦"。

3

来勇吾侄：

　　93.12.23 来信收到，很高兴。一则你能勤奋好学，为来氏增光，二则你身体康复尤感欣慰，望你在假期后更好！

　　我仍很忙。去年冬，应邀去台湾出席两岸高等教育研讨会（大陆 24 位资深教授组成代表团），会后又在台湾大学、淡江大学、政治大学及辅仁大学作中国传统文化方面的学术讲演，反响甚好。回来后又去侨乡汕头、潮州考察，十分疲累，身体欠佳。最近检查心脏有房颤，肺有气肿，但都不太严重，准备休息一段。

我从去年 10 月开始应聘担任美国俄亥俄（Ohio）大学图书馆顾问及海外华人文献研究中心在华代表，工作不多，但每月对生活不无小补，也是美国老友对我晚年生活的照顾。

你是否继续读博士问题，明确答复如下：

（一）现在不读博士，将来一定还读。

（二）硕士毕业后找一安定工作，恢复体力，积蓄学费、生活费，积累工作经验。

（三）等经济实力可以时，再去读博士。

供参考。此问

近好

大伯手启
94.1.12

4

来勇：

你好！

你的来信早已收到。因为一则我比较忙，再则今年天津特别热，连续两个月都在 35 ℃以上，无法工作，近两天始有秋意。

你很努力，又肯上进，真是来氏之光，我很高兴。但你身体不是太好，务必要注意节劳，不要过份去打工。

时间很快过去，你再有一段时间就可以毕业。我想你最好先工作，调整一下生活，有点积蓄再去读高学位。有时高学位而无工作经历，工作单位不一定欢迎。有一段经历，再拿高学位，容易有发展。

我身体还好，只是老了。去年冬，奉派到台湾去参加一次教育研讨会，住了一个月，见到你新阳二叔。他们生活很好，有位明贤姐姐在纽约电脑顾问公司工作，她的电话是 914-***-****，如有需要，可和她通话（她的丈夫姓宋，是电脑专家）。即问
近好！

大伯手启
9.9（1994）

5

来勇侄：

　　前几天收到你的来信。

　　今天是旧年初一，又看了你的信，很高兴。你们姊妹兄弟都很奋发自强，各有成就，而你尤为不易，身体不太健壮，不顾一切，力求上进。这是作人能成功的途径。我最欣赏这种风格，但望你能掌握劳逸。

　　你已临近毕业，获硕士后，我意先工作一段时间再读博士，在财力、人力方面都有好处，也可以创造一个社交圈。

　　我们都很好！我常常担任点报纸的专栏写作，也偶而作些讲座，参加些学术会议，还不寂寞。

　　明骏有来信来贺年，也复信了。祝
身体、学习好

大伯手启
1995.01.31

6

勇侄入目：

　　来信及照片均收到。

我们很高兴，你能找到 IBM 总部的工作，实习期比较艰苦，特别是日工资尤其苛刻。按你的薪水看比较优厚，所以如果身体太累，不妨休息一二天，或是加强些营养。工作时善于自我调整，工余绝对休息，不可再作其他。如能成为正式人员，可能工资会少点，但加上福利及假日也不会少，要争取实习后使老板满意，但一定要注意劳逸结合。

　　我身体还好，只是有点气喘（心脏性），据说是年青时过于操劳，心脏负担过重，没有很好治疗办法，不影响工作，听之而已。总想能再去美国一次，要等机遇。

　　此问

近好

大伯手启
95.3.23

7

来勇：

　　很久没有见到来信，听明骏说你的工作有变动，但未接到来信，所以不敢确定。现看贺卡地址已是 MA，想必已离开纽约。不知你近况如何，现住地离波斯顿与 Lowell（王安所在地）有多远？

　　我应俄亥俄大学之邀明年 4—5 月间可能访美，年后将办国内申请手续，准备到纽约、阿特兰大去看亲友。不知你现地与纽约有多少远近，你现在有无条件接待我？如可能，我将去访哈佛。如你住地尚无条件，则你到纽约来见面也可。陪我访美的是焦老师。自家人要说实际情况。

　　我一切尚好，今年国庆时曾因病（心脏）住院四十天，现已逐渐恢复，所以很想再作一次远游，望来信。即问

你们好，并祝新春愉快

大伯手启
96.12.29

8

勇侄如见：

　　来信已收到，备知近年奋斗苦况，这是一个人在成功之路上的必经之途。能受天磨真英雄，只有闯过种种难关，才能走上平坦，应以此为动力而不要懊丧。

　　夏女士已经将礼品送到，并告诉我你采办礼品的孝心，很受感动。但不要花费很多钱，这种装潢的巧克力我在美国见过，价钱比较贵，以后不要这样办，你的成功是对我最好的礼品。

　　前次访美，未能到波士顿相晤，一则你一切尚未安定，二则我也因时间限制，排不进日程，你不要引为遗憾。如果身体可以，我还会去美国（作私人旅行，随便些），你也有基础了，我们还能相晤于波士顿的。

　　佳瑜很健康漂亮，像她妈妈，也和明骏家的鲁比相像，大一点再接回美国受教育也好。祝
你俩好

大伯手启
2010.2.12

附去年前我回长河，在来氏家祠与族人交谈照片。

致苏品红 1通

苏品红（1962—　），重庆奉节人，国家图书馆古籍馆副馆长、研究馆员。

品红：

　　潘友林先生为我查核资料，请予关注。

来新夏
十一月六日（2008）

致陈万卿 2通

陈万卿（1963—　），河南荥阳人，荥阳市文物保护管理中心主任。

1

陈万卿同志：

　　来函收到。

　　关于陈云路其人，仅知有此人，但对其生平履历则一无所知，歉难奉告。今后在翻阅资料时当加留意，设有所见，定当函告。

　　子彝是否陈云路之字，怀疑是可以的。因过去用同音字作不同的字是有很多例证的。因此，子怡、子翼、子逸，再用子鼎是有可能的。但作最后判断总以有更直接的证据为好。

　　耑复，祗颂
教祺

来新夏
12.12（1986）

2

万卿先生：

　　您好！

　　因身体不适，就医在外，近见康复，始由医院回家。获读来函，不胜惊喜，深以迟复为歉，乞谅。

《石门志序》的确未曾寓目，若早见此文，必收入文集与年谱。先生发现此文甚有价值，因现仅见林撰《大定府志序》，于林公对地方志见解尚少了解，自当公之于文献会。今后如有再版机会，定当增入，并注明先生发现之功。

　　我行年九十，久隐于市，与外界甚少联系，且精力日衰，无力作文，而复先生函又误时日，实感愧疚。专复，顺颂
秋祺

来新夏
10.7（2012）

致褚树青 2通

褚树青（1963— ），生于浙江杭州，供职于杭州图书馆古籍部，后任浙江图书馆馆长。

1

褚树青先生：

您好！

先祖遗著承为复印，今日已收到。计：

（一）《易学通论》一至六，共六袋。

（二）《匏园诗续集》共七袋，其顺序是二、四、五、六、七、八、九，明显缺一、三两卷，至于九后是否还有，均请查告。

阁下喜研中国近现代史，现奉上旧著二种，请指正为荷。专复，顺颂

近佳

来新夏拜上
96.3.24

顺告陆馆长，大作已交编辑部，并加了争取早发的批语，请放心。又及。

2

树青先生：

奉到大札并先祖遗稿复印件，甚感。看来先祖一生作诗甚多，前集已有

二千余首，续集也相若，今总补又如此之多，幸得贵馆庋藏，庶免遗失。惜财力有限，难以全部付梓。

现因涉及清赵睿雍所撰《悔木山房诗文稿》共八卷四册，系东阳私刻本，北方各馆未入藏，估计杭城能有。如贵馆有藏最好，否则请探询杭大、浙师（有人说金华浙江师大有藏），并将信息见告为幸。专颂
春祺

来新夏
4.22（1996）

致杜泽逊 4通

杜泽逊（1963— ），山东滕州人，山东大学儒学高等研究院教授。

1

泽逊先生：

近好！

前在临安晤沙嘉孙先生，又同车北归，交谈甚畅。谈及尊著《渔洋读书记》[①]，久知其名而难获其书。渔洋清初大家，藏书、读书均称一时之雄，而钩稽其心得，实有裨学林。先生于《标注》之前已有此大功德，不意先生未弃在远，闻讯即惠寄一册，实可感谢。

台北之行，想在不久。到台北后，淡江离市较远，若在市内则"中央图书馆"不可不去，其"汉学研究所"学者亦颇有学识，预祝访问成功！专申谢忱。敬祝

春节愉快，祈向

王绍老致意

来新夏

98.1.21

---

① 王绍曾、杜泽逊编《渔洋读书记》，青岛出版社，1991年8月初版。

2

泽逊先生：

久违雅教，至深系念。先祖一生得诗五千余首，其清末民初所作于1923年编为正编，家印。八十年代，我据家印本交天津古籍社出版，收诗二千余首，九十年代，我又在杭州图书馆发现1923年至解放诗2400余首，又经整理，由故乡杭州滨江区政府出资印行，规制大体仿正编，合为一套。现配成全书，敬请入藏。谢谢。即颂

撰祺

来新夏

5.9（2008）

3

泽逊先生：

祝新年愉快，事业有成！

老朽体衰目眊，望九之年，退隐多年已淡出，《清代经世文选编》已勉力完成交卷。

先生正当英年，学识优长，又膺艺文重任，至堪歆羡。尚望不遗在远，时获教言为幸。

来新夏

09.12.28

4

泽逊兄：

贺卡奉到，谢谢。

尊著总目蒇事指日可待，可贺！①

拙作《近三百年人物年谱知见录》增订本（110 万字）已出版，近日可得书，届时当呈一册请指正。顺祝

新春好

八九叟　来新夏
2011 年新正

---

① 指杜泽逊主持国家清史纂修重大项目《清人著述总目》。

致徐雁 4 通

徐雁（1963— ），江苏太仓人，南京大学信息管理学院教授。

1

徐雁先生：

你好！

《邃谷书缘》[①]已整理就绪，约 20 万字，并有插图 49 幅，合计可占 23 万字，恰好要求。请你审核一下，并请删定。稿已编码，因中间有一白页，再计数时发现，故 50 页后有改页痕迹，以改迹为准。

图片分装，文中已注插图号码，两相比照，不致错讹。文中所注即插图处。

照片均为独张，务请责编妥为保护，用后连同我的照片一并寄还为托。

一切麻烦，谢谢。顺颂

秋祺

来新夏

04.11.1

收到请电话告知。

[①] 来新夏《邃谷书缘》，河北教育出版社，2005 年 5 月初版，收入徐雁主编"书林清话文库"。

2

徐雁兄：

你好！

时在《中国图书评论》拜读大作，颇有所得。

"开卷文丛"素所向往，前投一稿未能出的，时以为憾。顷者选编一册，多为消闲话题，可资谈助，特寄一目备用。如能登"文丛"，衷心所愿，其他机会亦请留意。拜托拜托。

此问
近好

来新夏
05.9.8

3

徐雁先生：

你好！

年终于过去了。一元复始，又开始新的一年，总会想到平日多有来往的老少爷们。年时收到张静莉女士寄来两本"清话"第三辑的书，想来一定是你的关照，谢谢。这一辑把范凤书那本书收进来，我很敬重那些在基层默默耕耘的朋友，他们真在做学问，有机会帮他们一把也是雪中送炭的善举。我还知道你邀了涂宗涛先生，这是天津一位有实学的学者。我曾邀他在山西古籍出过书，他很感动，特来约我写序。你能有此广揽人才的胸襟，真让我高兴。

我已八五高龄，就在想身后如何。中年时为读书聚书，"文革"烧毁殆尽（尤其是线装），后又振兴达二万册，但这对后人无疑是包袱。与其散失，不如为这些儿女找个安身立命之所。于是在焦老师同意下，开始散的活动。本着"雪中送炭"不"锦上添花"原则，拒绝了南开图书馆的要求，向故乡捐赠专著、手稿、方志等五千余册。地方很重文化，为我建了"方志馆"与"著述专藏馆"，并为我在当地发行了纪念封，特寄你一份作纪念。我还应绍兴县一农村失田农民之要求，捐书 1000 册，开辟一"民众读书室"。今后还将继续散，聚散之道，望君体念。

　　话太多，电话中不便，写此信一吐积愫。即问
春祺

新夏
2007.2.26

4

徐雁先生：

　　寄《友声集》三册。一赠兄。余二册赠令高足刘艳梅与徐小丽，因不知其住处，故请转致，有劳有劳。

　　此书为各方友人所作，故难作签名书，祈谅。

　　顺致
近佳

来新夏
6.14（2012）

致茅林立 11 通

茅林立（1963— ），浙江宁波人，海峡文艺出版社副社长，时为《林则徐全集》责任编辑。

1

林立：

这份材料 2 月 27 日始收到。李老这篇前言胜于前者所撰，尤其是简缩林公仕历，突出全集主旨。有些建议和改动已用红笔标出。

对于编委的辛劳不要过多，否则有自夸之嫌。

去取问题最好由李老裁决，我的意见只供参考。[①]

来新夏
28 日（2002.2）

2

林立先生：

插图目录收到，意见如下：

1. 遗址尽可能注明方位或现为何处。
2. 奏折影件酌减。
3. 插图分量似多。

---

① 来新夏为林则徐全集编辑委员会主编之一，信 1、2 即主要讨论全集的编辑问题。

近况如何，念念。此问

暑祺

来新夏

8.12（2002）

3

林立先生：

访查记收到，非常高兴。这不是一般工作汇报，而是一份详尽的学术考查记录，内容之详，记录之全，为我所少见。你做了一件很有意义的工作，认真工作的精神值得敬佩。我已把这份材料作为研究资料保存，有些记录内容颇有为我所不知者。吾生有涯而知无涯，信然！请将此函呈林正让社长，表示我的一种评论。专复，即颂

近佳

来新夏

9.29（2002）

4

林立：

你好！

福州是高温区，望多珍摄。

天津近来也紧追高温，只能蜷居斗室，写作以解暑。

前承惠允接受拙编随笔集，近日已编就，全稿已完备，只欠像片、简历及序言，稍后补寄，希望你能为我当责编，定能有所订正。

溽暑之际，烦劳清神，祈谅。即颂

暑祺

来新夏

8.4（2003）

5

小茅：

你好！

寄去序言、照片、简介，供小集①使用。

小集是否已启动，另一册选集②由东方出版社承担，同时交稿。东方已看完清样，请尽快抓紧运作，拜托拜托。

电话中告我中秋节酬已寄出，但至今未收到，请查告。

我 17 日到泰州。

新夏
10.10（2003）

6

小茅：

来信收到。

合同已签，月份未填，请你填合适月份。

《学不厌集》的出版花费你很多精力，表示谢意。

今后尚望保持联系。

明年林则徐会当能参加，容面谢。专祝

新年好

来新夏
2004 除夕

---

① 指来新夏《学不厌集》，海峡文艺出版社，2004 年 7 月初版。茅林立为该书责任编辑。
② 指来新夏《只眼看人》，东方出版社，2004 年 10 月初版。

7

林立：

赠近作《清人笔记随录》，为积累五十年之作，尚可一读。

《学不厌集》手头仅剩一册，而索书者有人。请代购五册，开发票写书名、抬头"南开大学"（可报书报费）。先垫款，再补寄。麻烦。

新夏

二十一日（2005.2）

8

林立：

来件早收到，但着手甚难，不仅是文字问题，更重要是人的问题。狄兄心高气傲，稍有不慎，招致不快，思之再三，以大局为重，贸然做了如下几点：

（1）前言之首已改，我以为既不能没有林公评论，但又不能文字过多，斟酌再三，写了前面一段概括较强的由事功引书法。

（2）狄文提出林公书法与梁章钜、郭尚先齐名。郭尚先确以书法名当世，后来也有定评。梁章钜字写得不错，是否能划入书法家，我所知有限，最好婉转请教狄公梁的书法有无评论。

（3）前言基本用狄文。文中有标注，表示疑义，请就近定夺。

（4）编辑说明可用，最好添入编辑体例及选用标准，用出版社稿。

（5）目录中已标明疑问在篇首，请考虑解决。

（6）几件文字风格都不一致，请你统一文字。

（7）书名《林则徐书法集》不如改作《林则徐书法作品选》，因此书只选60余件，远非全部或接近全部，不如实事求是，请征求各方意见再定。①

---

① 该书后仍以《林则徐书法集》为名，由海峡文艺出版社于2005年7月出版，茅林立为责任编辑之一。

另外，河北教育出版社为我出版了一册《邃谷书缘》。样书一到，即寄一册请指教。专复，祗颂

暑佳

新夏

05.6.21

9

小茅：

贺卡收到，谢谢！

我一切照常，请放心。有二事相烦：

（一）我手头的《学不厌集》一本都没有，你是否能从库里找一二本保存。

（二）出版社拟重出我的《林则徐年谱长编》，但希望我再修订一次。不知你处有《新编》没有？如有，拜托你审读一遍，为我纠谬补订。如无此书，告我即寄，不知你能接受我这一请求吗？

（三）如来信，请告知近况一二。

祝

新年愉快，事业有成

新夏拜托

09.1.9

10

小茅：

前次你社征求意见，我写了小文寄你社，想已见到。后将此文寄《炎黄

纵横》，放置很久，最近始刊出。①他们可能不会寄刊给你，给我（作者）寄了两本。我把有关页撕下寄你保存。我实话实说，并无虚誉。专告，即颂

夏祺

来新夏
8.4（2011）

11

林立：

你好！

来函早收到，我因感冒住院多日，节前方回家，有所延复，至歉。

水利汇篇我在卧病时大致浏览一过，甚有内容，中秋节方撰序文，头脑精力大不如前，非复当年。可叹人生短暂，九十年一瞬而过。历时三日，数易其稿，勉强成文，可能错字、不通之处多有。请阁下大力删定，一切同意。

快邮寄去文稿一式两份，备用。

毛笔已不能写，硬笔勉强成字，东倒西歪不成样子，请勿见笑。顺致

秋祺

来新夏
9.21（2013）

---

① 指来新夏《〈林则徐全集〉与茆林立》，《炎黄纵横》2011年第7期。

南开大学
Nankai University

林立：

　　你好

　　来函早收到，我因感冒住院，节前方回家有所延展至歉。

　　水利汇商我在卧病时大改刪些一过去有内容，中秋节方撰序文。头脑精力大不如前非复当年可以人生苦短暫 九十年一瞬而过 而时三日我易其稿勉强成文 可能错字不通之处尚请阁下大力删正。一切同意。

　　快的寄去文稿一式两份请同

毛笔已瘸够笔无力写成方案倒而至不成样子请分处无此惯情。

秋祺

　　　　　　　　　　　来新夏
　　　　　　　　　　　9.21

2013年9月21日致茅林立信

致沈迪云 5通

沈迪云（1963— ），杭州萧山人，中共杭州市萧山区委党史研究室（萧山区人民政府地方志办公室）主任。

1

小沈：

你好！

简报已收到，藉悉工作进展状况，甚慰。

日前收拾存稿，发现一包先祖《萧山县志稿》抄本（原件在浙江图书馆），是第一次修志时，县志办同志所抄，仍有保存价值。我在刊印全稿时曾从县志办借用，现已由邮局寄还，请查收并致谢意！专颂

近佳

来新夏
04.4.28

2

迪云：

你好！

简报按期收到，对沟通信息、了解进度很有帮助。谢谢！

最近读到第六期，照片问题我认为这是续修志书的新特色，不仅要努力搜集，还应对照片内人物及背景时代作好文字考证，尤其是辨识人物，愈早

愈好。我过去曾公开呼吁过，在《文汇周报》发表，寄去复印件供参考。

专颂

暑祺

来新夏
04.6.22

3

迪云：

你好！

每期简报都收到，编得很好，有内容有经济，你们的社情调查和专题报告都对提高地方志学术性质量有重要关系。我认为第二届修志的质量要求应是：既据翔实资料写志，又为后人提供足资参证的史料依据。

你们寄来的节日慰问金 1000 元已照收无误，谢谢区志办的关注。即问

近好

来新夏
04.9.27

我在应各地咨询时推荐你们的作法。

4

迪云：

你好！

为建立方志馆及我去萧参加开馆仪式，你耗费了许多人力物力，衷心感谢。我将继续为充实方志馆内藏而努力。

最近因过年，整理藏稿多件，特寄上：

（1）先祖来裕恂先生手写《萧山县志稿》凡例，可装裱后放入方志馆，抄稿可在《萧山史志》发。

（2）费黑同志为《萧山县志稿》写序，手稿一件可入方志馆，抄件一份是否能在《萧山史志》发？

（3）萧山政协撰《来裕恂传略》手稿及抄件各一，请酌处。

以上各件均与萧志修志史料有关，专此奉上，即请裁定。

来新夏
2007.2.14

5

迪云：

你好！

1. 国际会议之事，主办名义请仍以北大文献中心和萧山区政府为妥，盖章问题可用政府办公室或方志办代章，承办由你我双方承担具体事务。

2. 总述一文已拜读，文首写了点总体意见，随文批注了一些看法，仅供参考。

3. 贺知章状元问题，用材料根据当可信，其他记载亦说明唐已有状元之说，复印寄上供参考。

4. 协议文件希早日盖章寄回，以便进行工作。距开会时间已不足一年，相当紧张，因需要与会与写论文情况。你考虑一下杭萧与会名单，汇集后再确定一下，就该发第一次通知了。

你好！

来新夏
07.5.24

附去此次赠书清单，请盖章后寄还。

致赵任飞 1通

赵任飞（1963— ），浙江诸暨人，绍兴图书馆馆长，研究馆员。

任飞：

你好！嘱题书名，实难承担。我原本不善书法，又久不用毛笔，近年高龄，神昏目眊，更不堪入目，而远道相邀，不弃在远，且籍隶绍郡，徐氏古越文献又不敢辞，勉力为之书写数则，选用二则，一黄一白，皆可看出手颤痕迹。其中我以为白宣一则较黄为佳，或由美工人员混选一则，听君裁定。签名可不用，只盖章亦可，章另纸拓印，如在书名下可盖"萧山来新夏"大章，如在书名旁可用二小章，请决定。①

徐氏纪念馆亦是绍馆纪念日，我如无事故，一定出席并作即兴发言。
此颂
秋祺

来新夏
9.21（2012）

---

① 指赵任飞主编《古越藏书楼研究资料集》，广陵书社，2012年11月初版，来新夏先生为之题签。

致宁敬立 2通

宁敬立（1964— ），河南洛阳人，洛阳市委宣传部干部，来新夏先生的研究生。

1

敬立：

很高兴收到你寄来的贺卡。

几年来一直惦念你工作和生活。徐建华曾去洛阳，托他打听，也未见到。所以只能等待你的消息，如有空望能写点情况来。

我已离休，今年已 74 岁，明年准备挂笔不再写作，所以准备把自己一生论文自选一本文集，大约有 60 余万字，估计 75—76 岁能完成，又需筹集出版资金，希望 80 岁前能出版，然后可颐养天年。

此问

近好

来新夏

97 元旦

通讯地址按名片。

2

敬立老弟：

久未通音信，甚念。近日获知你家遭回禄之殃，尤为系念。家财藏书，虽已荡然，但终究为身外之物，且你尚在壮年，兴家立业犹可指待，万望放宽心思并安慰家属，困难终会过去。

  鉴于我们的师生情谊，我虽然不能像富有者那样给以足够的支持，但也从我的笔耕收入中寄去人民币壹仟元。数虽寥寥，但也是我的一番心意，供添置一些日用品之需，希收用。另外检旧作及新著四种（三新一旧），补充你的藏书。旧著不知积压何处，日后如有再寄。聚散本为自然之理，万望勿以此为念。收到请按名片之地址或电话告知为荷。即问
近佳

来新夏
7.20（1997）

致胡传淮 1通

胡传淮（1964— ），四川蓬溪人，蓬溪县政协文史学习委员会主任、蓬溪县文联主席。

传淮先生：
　　您好！
　　大作《张问陶年谱》①已收到，谢谢。
　　船山先生为清代一大诗家，我少年时曾读船山诗集，堪称大家。今阁下为之撰谱，可称功臣。作序之朱则杰仁弟也为多年相知，由其写序益为增色。
　　谢巍先生素不相识，情况难以奉告，祈谅。专颂
春节好

来新夏
00.1.24②

---

① 胡传淮《张问陶年谱》，巴蜀书社，2000年1月初版。
② 原信落款年份误作"99"，今据书信内容及所存信封邮戳日期，改定为"00"。

致阿滢 4通

阿滢（1964—　），本名郭伟，山东新泰人，《新泰文史》杂志主编。

1

阿滢先生：

你好，前承惠寄《泰山周刊》，未遑作复，歉歉。今得《泰山书院》，更增愧怩。为读书界辟一园地，实为一大功德。近年民间书刊日增，形式内容均有可观。我因高年目眊，与外界交往较少，信息闭塞。《书院》创刊未获与闻，致无所贡献，愧怩而已。暑热难以执笔，一俟秋凉，定当以小什呈教。专此奉复。祗颂

暑祺

来新夏拜上
2006.7.25

2

阿滢先生：

来函奉悉。前件未获入览，诚感遗憾，现再写一则寄呈。惟我素不擅书法，视作涂鸦可也。

友朋交往何必如此拘泥。邮资四元愧不敢用，谨随函归赵，今后望勿如此客气。

专达，祗颂

近佳

              来新夏
              06.9.27

3

阿滢兄：

  你好，前承函邀为《我的中学时代》撰文，谢谢！但近来身体较差，另撰新文有些难度。因正在写回忆录，其中有一篇旧文是我对中学生活的反思，特寄去，是否适用听凭卓裁。专颂
春祺

              来新夏
              09.3.18

4

阿滢：

  你好！

  一直在等你寄些样稿来。但至今未收到，怕耽误付印，写篇短序寄去，请你改订后用。即颂
近佳

              新夏
              8.12（2009）

致吴眉眉 10 通

吴眉眉（1965— ），江苏苏州人，《楹联春秋》杂志主编。

1

眉眉：

你好！

我去盘山避暑，今日方归，获读来札，迟复为歉。

字写得不好，贻笑大方，如为纪念，俟稍凉再写如何？

斋名你应该早有，光福为风景名胜，美景丽人更为当地增色，胡乱想了几个：

① 呆呆馆："槑"是"梅"的异体字，龚自珍写过一篇《病槑馆记》，似即写苏州之梅，即用此"槑"字，但文章有点郁闷。用测字法改成呆呆，有点傻里傻气，回归自然，名曰"呆呆馆"，自有怪意。

② 苦寒斋："梅花香自苦寒来"，"梅"与"眉"谐音，意即光福梅之香皆来自眉眉所居，眉眉亦经苦寒奋斗而有今日之香，只是字面有点寒酸。

③ 崦东小筑：冯桂芬崦旁所筑，命名太直白，"崦东"指方位，"小筑"指玲珑可爱。

④ 寻梅：踏雪寻梅为文人雅事，而眉眉寻梅，亦凤缘也。

⑤ 梅影居：清词人冒辟疆为忆所爱，著《影梅庵忆语》，今眉眉则"梅影"况所居。

以上为随兴所得，不一定恰当，仅供一噱而已。

尊著《洞庭碧萝春》①图文并茂，几括所有茶事，通读以后有读新茶经之感。你的绘画小品甚有情趣（名片上），寥寥数笔，颇传神韵，未悉能否见惠一方以陶冶俗情。

专此，即颂

秋祺

新夏

07.8.12

2

眉眉：

你好！前承见惠茶书、法绘、信笺诸色，愧无以报。日前《邃谷师友》出版，特赠一册，聊当报李，不足寓吴门女史之目。即颂

闺祺

新夏

07.9.16

3

眉眉妆次：

贺函并画幅均拜领，甚感。小品尤见情趣，为寒舍增春色雅兴。惟此幅作于除夕，则为月之晦日，不当有圆月，应有月色而无月光，未识当否？一笑。

前为六志撰序，读《新郭村志》，为女史笔墨，通读一遍有清新之感，甚喜。老朽年前偶感风寒，今已康复，致稽裁复，尚希见谅。顺颂

---

① 指吴眉眉《洞庭碧螺春》，福建美术出版社，2006 年 12 月初版。

春祺

八七叟　萧山来新夏合十

二〇〇九年正月初十

4

眉眉：

你好！

收到来函并墨宝"寿"字，倍感欣悦，惜未题上款，待日后补题。所嘱题紫雨楼一额，甚惶恐。老朽本不擅书法，近已高年，目眊体衰，力所难及，惟以生日所需，祗要勉力献丑，大书楼名，与阁下"寿"字之气魄实感有愧，但请贮之箱箧，勿张挂示人，以免人前为人嗤笑，千万千万！祝

闺祺

八七叟　来新夏手上

09.3.26

5

眉眉：

你好！

寄去我在全国古籍整修人员培训班上的讲课记录，这是治学的入门基础，希望你作为第一课认真读本文：

目录学是传统学术的门径，前人认为不通目录是谓不学，而经、史、子、集四大类是目录学对旧典的四分法，应由此入门。

作业是：① 对本文提出质疑；② 对本文的感受。即问

近佳

来新夏手启

2010.12.2

6

眉眉：

来信早经收到，只因伏天到山中避暑，日前回津始读来信，迟复为歉！现就所提问题，简复如下。

（1）对我学术影响来说，自然是史部。史部书我读得最多，但新见不多。子部和集部较少，经部最少，只读过十三经，因为太经典了，所以感到呆板禁锢。

（2）我认为国学最切实简要的概括，就是经史子集之学。我为天津市中学教师讲过一次"我的国学观"，就是以《论经史子集》一文为根据。

（3）正史编纂常以官、私来论说，应从三方面选几部书读读。

A. 正史类：读"前四史"（《史记》《汉书》《后汉书》《三国志》）。

B. 编年类：读《通鉴》（可选部分篇章读）。

C. 纪事本末：读《通鉴纪事本末》《明史纪事本末》（选若干重大史事题目读）。

运用史料应以官书为主（如《实录》《东华录》），以其他文献为辅，如传说无文献可据，则慎用或申明是传说，不要猎奇，不取孤证。

（4）梁启超是个思路开阔的学者，虽然欠细致，但启发人思路、开拓人视野是有作用的，可以从他的著作中找问题。他论孔子是一家之言，孔、孟相比，我更喜欢孟子，因为孔子总端着架子，而孟子则透明得多，而且孟子的文章也好。希望你读读《孟子》，现实意义更大些。

我捡了几种我的著作副本，有些我也没有了，孙伟良编了一份提要目录，比较详细，你可参考。

冬君夫妇做学问很狠，我喜欢他们的坚韧，可常与冬君师姐讨教。

稼句才气很大，写作力很强，应当敬佩，但难学到，可以常请他改改文章，会有长进的。

师母焦静宜暑天尚好，已退休，承担了许多家务。最近在写一本书《民国的遗老遗少》，已被岳麓书社约稿，明年可面世。

专问
全家好

来新夏手启

8.15（2011）

7

眉眉：

　　你好！

　　近作一种赠你一册，另一册请转交稼句为荷。即颂

近佳

新夏手启

3.4（2012）

8

眉眉：

　　苏州一行甚愉快，门下增一贤媛，更感欣悦。寄上签名合影四帧，备收藏。即问

近佳

新夏

6.8（2012）

9

眉眉：

　　你交给若旸的书单已见，检出以下数种赠你：

　　①《阅世编》；②《史记选》；③《林则徐年谱》增订本；④《清代目

录提要》；⑤《谈史说戏》。

《美帝侵略台湾简纪》①久无原刊本，我亦复印本。绍兴孙伟良藏原刊本，可请其复印（130655*****），其余多种多为单篇论文，已收入《文录》及《三学集》。

有的书我无复本，以后遇到复本再寄。

天气炎热，请多珍摄。

我处亦热，已开空调。

香港刘咏聪教授有一复信转你，你可多请教她。

新夏
7.6（2012）

10

眉眉：

礼物收到谢谢。

焦若晹夫妇很喜欢这对核雕。

《文汇》已发了我的书评，因近期有关我的文章发得较多，所以这篇文章迟发了。

朱自奋寄来两份，我留一份，寄你一份供保存。

寄去的书未签名，以后再补。

天津大雨，今已放晴，无影响。

天气炎热，望保重。即颂

暑祺

新夏
7.27（2012）

---

① 指来新夏《美帝侵略台湾简纪：1945—1950》，历史教学月刊社，1951年版。

致罗文华　3通

罗文华（1965—　），河北景县人，《天津日报》高级编辑。

1

文华同志：

你好！

久疏音问，时见报刊大作，但对具体工作不确切，日前晤杨大辛同志，始悉你在主持日报书林版，正是用得其当。大辛并寄过对拙作的评介，如需原书审核，请见告详细地址，以便奉寄。

我已于去秋离休，但返聘担任地方文献研究室（教委直属研究室）主任及校务委员，虽较闲，但尚难完全摆脱琐务。有暇时整理旧稿，日前已交出《古籍整理散论》，由书目文献出版社承接，年内出版。天津市高教局又聘任《津图学刊》主编。

我的通讯处是：天津南开大学北村新12楼301号。电话是315960转578。

望多联系。即颂

春釐

来新夏
1993.1.29

2

文华兄：

　　昨晚欢宴甚快，承邀撰稿，适手头有为龚望先生题签集序一文，寄请裁定。如蒙刊发，请赐样报二份，以利保存。耑此奉达，顺致
近佳

来新夏
11.14（2013）

3

文华兄：

　　这是天津图书馆常虹女士写的一篇评论，希望能发表。文字尚称通畅，我略改数字，推荐给你，望加关注。《旅津八十年》已出版，赠书已托王振良转交，想已收到。常虹联系地址：本市南开区复康路 15 号天津图书馆（300191）。

（2014.2）

致萧跃华 3 通

萧跃华（1965— ），湖南安化人，时供职于人民武警报社，后为北京日报社副社长。

1

萧先生：

来函收到。拙作二册已遵嘱签名。

自去年手术后，尚难完全适应，几乎近于休养。毛笔字已因手有微颤，几不成书。萧瑶所需小联请稍宽时日，待能写毛笔时一定满足其要求。专复，即颂

全家好

来新夏
08.4.1

2

跃华同志：

来信及拙作均收到。拙作多种已题跋钤印，请入藏。

诗我素不擅此，又无诗才，故从不写诗。写过一二首词早已散失，故歉难参与诗集之选，望谅。

春间曾得大病（心力衰竭），近来始稍恢复，偶作小文，但墨笔书写已难应命，眼力锐减，手颤心悸。

前数日，曾就你所赠郑孝胥"满洲国歌"为文，读者反响甚大。有十几位老人在东北读小学，曾唱过"国歌"，但一致否定你复印件内容，而共同回忆出当年流传的歌词，现附上有关资料，供参考。

小瑶有无进步？祝她成长。顺颂

秋祺

来新夏
8.24（2009）

信中所附百元不知何意，特璧还。如作邮资，以后千万不要如此。

3

跃华同志：

你好！所嘱书写"锻铁居"，一直因手颤难以书写。日前稍稳定，又有好天气，率尔写下几份。我本不擅书法，只能从中挑二件稍好点的寄去，请用电脑调整下位置和大小。如不能用，即留作纪念。

我最近将应邀到武警学院作一次讲演，题目、日期均未定。

我身体一般，只是行路蹒跚，比较吃力，每天服药维护，高年必然之路，奈何。即问

全家好

来新夏
3.22（2011）

前次托你拍我送你的题字，请拨冗办理。

致徐明祥　6通

徐明祥（1966— ），山东临沂人，山东省教育科学研究院研究员。

1

明祥先生：

《书脉集》[①]收到，谢谢。以书为脉，从书中所收各文已能了解。读书而能写札记确是致学之途，但有此韧性，大不易。至祈坚持下去，利人利己，何乐不为。

我不善书法，春蚓秋蛇，难免污人书室，而你既有偏爱，当遵嘱写赠。惟近方自浙江游学归来，体力稍疲，俟稍恢复，当应命。

《书脉集》内容很丰富，文笔亦好，可惜有几篇字号太小，未能畅读。老眼昏花，徒呼负负，谅其未能通读。专复，顺颂

新年好！

来新夏

12.23（2003）

2

明祥先生：

你好！

[①] 徐明祥《书脉集》，作家出版社，1999年8月初版。

前嘱写字，因年老手颤，已不能用毛笔，未能及时复命。新年后手稍好，又久不写字，久已无纸，只检出一张旧纸，略有破处，好在坏字破纸正相般配，略博识者一粲。即颂
春禧

来新夏

元月五日（2004）

3

明祥小友：

你好！

来札及鸿文均拜读，备承赞誉，愧不敢当！

足下继叶氏而别辟蹊径，为学林增一掌故。老朽何幸得入笔下，乐何如也！

今年不知何故如此炎热，或上天怜我多劳，以热促其稍息。寒舍前后皆有绿荫，斜倚凉枕，浏览杂书，亦丝丝有凉意。泚笔作复，尚希珍摄。顺颂
暑祺

来新夏

7.29（2004）

4

明祥先生：

大作《听雨集》及来函均收到，因于12月初南下讲学，昨日归来始获见，迟复为歉。

所嘱签名一事，似不必定在《且去填词》一书上。近有新作《只眼看人》，寄来样书即签名寄上，以作留念，是否可行？

此地址系向于晓明先生处问来，便中请赐告家中地址及电话等，以便联

系。顺颂

近佳

来新夏

2004.12.22

5

明祥：

你好！

前次收到大作清样①，因身体不适，又杂务相扰，未能及时应命。近已读完全书，又碍张阿泉先生之佳序，难以着笔，无奈草此一序，聊当鸣锣开道。如不符要求，弃之即可。

近日中华书局又集八老学术随笔，老朽附骥诸贤，自成一卷，随函赠一册，请指教为荷。②

又序中涉及阿泉、立杨二先生，是否打样后请他们一阅，以免有措辞不当处，拜托拜托。

专颂

近佳

来新夏

06.12.9

---

① 指徐明祥《潜庐藏书纪事》，中国文史出版社，2006年12月初版，书前附来新夏、锺书河、张阿泉三序。其中来新夏序中有言："近几年读书风气渐盛，有些城市已经形成以中年读书人为核心的读书人群体，即以我接触到的来说，就有不少，如南京以徐雁、董宁文、薛冰等人为主力，以《开卷》为阵地的一群读书人；他如北京的谭宗远与《芳草地》，山东泰安的阿滢与《泰山周刊》，河南濮阳的王金魁与《书简》以及久闻其名而未获一面者，为数尤多。"

② 指来新夏《皓首学术随笔·来新夏卷》，中华书局，2006年10月初版。

6

明祥兄：

惠函及贺诗拜领。

《〈潜庐藏书纪事〉序》在电脑中搜索，未见存盘，又积稿亦无此文。漏收大作，实老朽记忆之失，望能复印此文见寄。下次有机会当刊入，至祈鉴谅。专复，即致

近佳

来新夏
6.1（2012）

命题书签已书就奉上，年老精力不足，写字已无骨力，祈谅。

致莫艳梅　2通

莫艳梅（1966—　），湖南江华人，中共杭州市萧山区委党史研究室（萧山区人民政府地方志办公室）副研究员。

1

艳梅女士：

　　你好！

　　大作《萧山建县时间考》已匆匆浏览一过，甚感兴奋，君非萧山而于萧山故实耗心血钻研并有成果，颇令老朽愧疚。

　　萧山为古邑，已有共识，但细节旧事尚多疑惑。尊著多方考辨，并提出己见，如西施出身向存二说，新编萧志也两存其说，而所为考辨定为萧山，独抒卓见，可补志阙。

　　尊著征引文献近二百种，涉猎不可谓不广，用功不可谓不深，其间有转引者宜追原典，俾免错讹，或能得新解。

　　以篇名作书名，有前例。我以为大作是否更开阔些，如《萧山考录》《萧山史事杂考》等则包容性更大些，应作正式出版物问世。

　　大作中以地理考辨为主，而于历史人物较少，且全书篇幅尚可扩大，如杨时、来斯行、来知德、毛奇龄等名人生平考定，又如萧山历代志书考录，均能成文入书。

　　专复，顺颂

秋祺

来新夏
9.6（2011）

2

艳梅女士：

你好！

尊作论文集在去萧前后陆续看了近一个月，对你的勤奋好学深表钦佩。行文难以做到好处，加之高龄体衰，迁延多日始成一文，聊供一孔之见。文中有不妥处可改动，兹奉上二份备需用，是否可在《萧山记忆》或《浙江方志》先发表一下，征求意见，修改后上书。专复，即颂
夏祺

来新夏
（2012.6）

我无邮箱，所以寄纸本。

致董宁文 6通

董宁文（1966— ），江苏南京人，《开卷》杂志主编。

1

主编先生：

您好！

贵刊自创刊以来即蒙按期馈赠，谢谢。久谋撰文以报，而苦无成作，近日应邀为《2000年中国最佳随笔选》作序，成《我也谈谈随笔》，表述个人对随笔的一些看法，非仅为人作序。奉请审正，是否可备《开卷》采用？附名片一纸以备联系。

春禧

来新夏拜上

正月初八日（2001.1.31）

2

宁文先生惠鉴：

来函奉到。拙文承摘用，谢谢。所嘱写呈"书缘"二字，实因书法拙劣，平素又不练习，本应婉却，唯知音难得，春蚓秋蛇之笔竟得青睐，故不揣污目，勉书"书缘"二字，备方家一笑。我本月20日拟同天津高校图书馆馆长十余人赴宁交流考察。如有暇，当谋一晤。

专复，祗颂

春祺

来新夏
4.3（2001）

附上名片，请与寒舍联系。

3

宁文先生：

5期刊物并稿酬均拜领，谢谢。回执寄回，请查收。

前在书吧题字，不太适用，谨专写"书缘"二字，不知可供刊物否？下月当撰小文送请审正。此颂
编祺

来新夏
5.29（2001）

4

宁文先生：

您好！

《开卷》第10、11两期均收到，已通读，甚有收获。11期刊出我复韩小蕙的信，谢谢。本来是韩要编《光明对话》栏，约我写点看法，我用了两天时间认真写了复信，但刊出时只采用了几句。我并不在乎多与少，但很想把我的想法给文友看，所以寄给你。

我的读书、读志、读人的序评诸文已结集为《邃谷书缘》，加入徐雁兄主编的"书林清话丛书"第2辑，请您别再为我挂心了。

送上《只眼看人》近作一册，望能发条小消息，谢谢。即问
近好

来新夏
11.16（2004）

5

宁文：

你好！

因你索肖像章印拓，促使我翻箱倒柜去找，终于在今上午在一纸箱中找到，同时还有两枚"人生难得老更忙"闲章，都寄去供采用。

文章已改过，现寄去新稿，原寄稿作废。

《我的笔名》[①]是否出版？念念。顺致

秋祺

来新夏

8.23（2006）

6

宁文：

你好！

样稿校好寄还。

去年，我祖父在家乡创办的一所小学百年纪念，学校写了一部校史，请我写了篇序，寄上，是否能在《开卷》一发，即请裁定。即问

春祺

来新夏

（2007.2.26）

家乡为我建方志馆，储藏我的方志藏书。当地为之发一纪念封，特寄一枚作纪念。又及。

---

① 指董宁文编《我的笔名》，岳麓书社，2007年1月初版。

致赵万新　1通

赵万新（1966—　），天津大港人，来新夏先生"下放"插队的瞿庄子乡亲。

赵万新先生：

来稿已由图书馆办公室送来，承你和令尊对我的关注，谢谢。

四十多年过去了，一切恍如隔世，也是人生一重要经历，也是一种幸运。

大作拜读，谢谢对我的评论，但不宜发表。我不太喜欢人们的过分赞誉，因为浮名有何可取。

我已90岁，精力衰退，很少写文章了，也很少与外界来往，又不能多谈话，多原谅。

这页短札写了二天，因手颤不易握笔。

　　祝
新春愉快

来新夏
2013.1.20

致吕晓东　1通

吕晓东（1966—　），山西山阴人，《编辑之友》杂志社编审。

晓东：

　　你好！

　　最近整理旧物，发现一篇旧稿[①]，是20年前的想法，现已无力完成，又不忍丢弃，寄给你看看，是否还有点参考价值。你刊如需补白，可摘取一些段落，不要勉强刊出。如有兴趣，可以转赠，我很希望有人有志于此。有劳渎神，请谅解。祝

2014年新年愉快

来新夏

12.13（2013）

---

① 指《〈中国古代编辑事业简编〉的写作提纲》，后刊于《编辑之友》2014年第4期。

致姜晓铭 1通

姜晓铭（1967— ），江苏兴化人，作家。

晓铭先生：

你好！

暑天正闷坐小斋，赤膊挥汗，犹昏昏然，突接大作，拆阅之下为《积树居话书》①。讲书的书、讲读书人的书，我最喜欢读。这不啻是一副清凉剂，立感爽快。

兴化有幸一晤，虽留下签跋，也是匆匆而别。足下方当盛年，笔墨健旺，当更有气象。老叟年登九旬，虽高年足夸，不免力不从心之憾。

天气炎热，望多珍重。即颂

暑祺

九十叟 来新夏手上
7.8（2012）

---

① 姜晓铭《积树居话书》，天地出版社，2012年5月初版。

致马忠文　1通

马忠文（1967—　），内蒙古阿拉善左旗人，中国社会科学院近代史研究所研究员。

忠文先生：

　　你好！

　　来函早经收到，因我于上月下旬突发心脏病，心率过缓，经医诊断，决定装设起搏器，于月初手术，进行顺利。今日出院始读大札，迟复为歉！

　　孙伟良君系绍兴一失地农民，初中文化，自学文史，小有所成。曾向我致函问学，在当地报刊时有短文，后寄一清史小文，我转汝丰，请在《史苑》补白，不意已停办。日前汝丰来津，到医院探病，言及高谊，奖掖后学，不胜感佩！孙君地址是：浙江绍兴县齐贤镇群贤村（邮编312065）。

　　所嘱为《许宝蘅日记》写评一事，定当遵嘱照办，望能早日见书，并见告要求以便进行。专复，即颂

编祺

来新夏
07.4.16

致祝勇 3通

祝勇（1968— ），山东菏泽人，故宫博物院研究员，故宫文化传播研究所所长。

1

祝勇先生：

你好！拙作已完，现寄上，请查收，有数事相告。

1. 本书原定书名为《八十以后》，表明所收均为八十岁以后所写（个别是修订），后一年轻小友建议不如套用时兴的"80后"，改用汉字"八〇后"，显得新鲜。我亦感到不妨时尚一把，你看如何？[①]

2. 全文共130页，大约在十五六万字之间，符合你的约稿要求。

3. 插图63幅，另编一册，在文内注插图标号，与插图呼应，请编辑按文插图。插图图片用完，请立即快递寄回，万勿遗失，切切。

4. 出版社是何家，至今不明。出版合同亦至今未见，不知有何条款。

5. 收到稿请电话（022-2350****）见告，何时出书亦望告知。专此
祇颂
年禧

来新夏
12.24（2007）

[①] 来新夏《80后》，北方文艺出版社，2008年9月初版，收入祝勇主编"老橡树文丛"。

2

祝勇先生：

你好！

1. 清样已校完，需改正处均以红笔标出，务请逐一改正。

2. 卷首插图有重要改动。

① 页106有我与启先生合影，插图与卷首重，将106页插图改用附去启先生信函，卷首合影不动。

② 页114卷首插图与文内（页174）插图重复，撤去，改用页175插图。

③ 页116插图与文字无关，请移至页175空处。

④ 页200原插图与页202文内插图重复，改用大经路插图，已附在文内。

3. 文字上错字请改正。

① 页174有大段脱文，已补入，请改正。

② 页218，原来文已撤，此半截文字应取消。

4. 照片（包括复印件）及未用稿统请寄还。

5. 卷四最后一文，作者出书时已改书名，文内及目录处均改，请注意。

此样稿改动处较多，务请责编细心核对，谢谢。

收到样稿，请电话告知。顺颂

春祺

来新夏
2008.3.27

3

祝勇：

你好。

寄书十册照收，谢谢！

嘱我写幅字，我素不擅书，加以高年目眊手颤，难以入目，仅作纪念而已。万勿张挂，留之箧中，以免贻笑大方。专达，即颂

近佳

来新夏
11.27（2008）

致孙伟良　1通

孙伟良（1969—　），浙江绍兴人，地方史学者。

伟良：

你好！

前次谈过拟扩建读书室，以便于普及文化，我看如有屋后小块土地，建三间平房就敷应用，此事最好要求冯县长支持一下。前次因冯县长开会，未获一晤，憾甚。希望你在晋谒时能转陈敬意。

先祖来裕恂公曾于1928年在绍兴任，我也随任在县署，因此有此因缘。衷心愿为绍兴效点力，建屋经费及藏书当尽力资助，也希望地方热心人士共襄盛举。专此，即问

近佳

来新夏
07.5.31

致励双杰 2通

励双杰（1969— ），浙江慈溪人，家谱收藏家。

1

双杰吾友：

你好！

大作已读完，谨陈浅见如次：

1. 将家藏家谱分类编定并写提要，颇便他人查阅，是一大功德，但分类标准似欠统一，有按姓氏情况分类者，有按版本状况分类者，有按谱主身份分类者，有按不同地域分类者。是否可再研究一下，找出能较统一的分类。

2. 引言写得很好，是一篇研究性论文，对家谱沿革、流变、特色、收藏等情况言之甚详，可单独成篇，交袁逸在浙江图书馆馆刊发表。

3. 各类家谱前的小序，写得很好，这也是中国目录学著录遗规。

4. 各谱插图很有必要，但有些图较模糊，希望用高新技术，使插图增强清晰度，画面亦应注意其特点。

5. 各谱提要很重要，足征藏者有目录学素养，尤其是对家谱版式的记录有行格尺寸，合乎藏品著录要求。

6. 著录内容很多，特别写入书源很有趣，但多偏于谈收藏，是否再用些功夫，增加一些史料价值的内容。

7. 全书文字欠统一，是否划一修改一次？

8. 有关近现代人物的名人家谱，甚有价值，应加整理，或先单篇专题发表。

9. 这是一部有关家谱的专著，读后获益甚多，较之现有的有关著述更有参考价值。

10. 我已向山西古籍出版社老总张继红推荐，如有出版可能，在出版前应编一索引附于书后，增加工具书作用。①

以上只是我在通读全稿时的点滴见解，供参考。专此，即颂

近佳

来新夏
06.4.16

另附上《山西历代家谱简论》，供你参读。

2

双杰：

你好！

最近阿滢兄寄来他郭家的家谱，我既非专攻，又没有专藏，倒不如送你的藏谱中去凑数，望入藏为荷。

我还好，只是行路有点蹒跚，医生说这是退行性，好在还能策杖缓行，生活影响不大，只是漫游四方有点障碍。

你已在谱牒界有了名声。朱炳国说，是大户，有名望。该多做些研究工作，当务之急编出个收藏提要目录，以便人了解。各地展开很快，慈溪童银舫、萧山李维松都在作。专此，即颂

春祺

来新夏
3.30（2013）

---

① 所言即励双杰《中国家谱藏谈》，后由山西古籍出版社于2008年1月出版。

致申屠勇剑 1通

申屠勇剑（1969—　），浙江萧山人，吴越历史文书博物馆馆长。

申屠先生：

来函收到。欣悉阁下在家乡创立博物馆，实为文化高潮中盛举。所嘱为题馆名，不胜惶恐。我本不善书，且年臻90，手颤目眊，不能用毛笔，尤难写大字，难达雅命。谨书一条，十分拙劣，能用则用，不能用则弃之，至祈鉴谅。专颂

春祺

来新夏
3.8（2012）

末几字写歪了，请改正。

致许隽超　5通

许隽超（1969—　），黑龙江哈尔滨人，黑龙江大学文学院教授。

1

隽超先生：

  你好！

  大作《黄仲则年谱考略》早已拜领，因南下武林，近日方归，迟复为歉。

  黄仲则为清代著名诗人，惜天不永年，但已名载史册。往者有毛、季二氏及黄逸之所编年谱，已著录拙编《知见录》，但皆感尚欠丰富。今读大作，内容丰富，又多考订，颇有助于研究清诗之参考。现已将大作著录于《近三百年人物年谱知见录》增订本（将由中华书局出版）。

  我已五月份将赴哈埠出席"中国流人问题学术研讨会"（省文史馆主办），届时如有机会，当谋一晤。

  专复，祇颂

春祺

来新夏
08.4.12

2

隽超先生：

  在哈期间诸多叨扰，承邀讲学，尤感宠抬。我们于30日午间安返津寓，请释念。所嘱题签一事甚感惶恐,因我不善书法,加以年高目眊,落笔比例不准(再小点字就写到一起去了),故书名与署名分写二纸,可在计算机上调整。如不署名仅盖私章最好,以免封面喧宾夺主。

专达,祗颂

夏祺

来新夏

08.6.1

3

隽超兄:

你好!前承惠赐佳肴,甚感,以后望释远念,勿再见赠。

先祖于百年前(1907年)曾撰《中国文学史》,于当时颇具新意。去年为百年,聘友人将手稿原本与修改本互校作注,请岳麓书社正式出版。现奉赠一册,或可供参考。专此,即颂

秋祺

来新夏

08.9.25

4

隽超老弟:

来函收到。所嘱《丛睦》一书经托古籍部人员查询,确有此书,但已列为善本,出馆甚难,亦担风险,复印又不许印,无奈只能摆出老馆长余威,善言现任馆长设法。经他们领导层议定,卖一次面子,决定用扫描(免过分伤书),一切费用照付(比复印多收,又要底本费),我已由研究经费拨付,请老弟放心。一俟制作完毕,即快邮寄上,请告知通讯地址(详细)、邮编、手机号等等。顺颂

春节好

来新夏
1.18（2010）

速告。

5

隽超：

你好！

调南京固然有若干安家之苦，但对学术研究终较哈埠为优，望耐心处理。

《丛睦》一书已与馆方折冲，允以馆内副本形式外借，但重要禁约即能引用资料或摘录，切忌全本使用。我已允诺，望能遵守。

今日付邮，可能明后日即送到，收到请赐电 022-2350****，以免悬念。

用的时间长些不要紧，我会疏通的。

回家省亲过年，人生一大乐事，请代向老人致意春节好！

来新夏
1.25（2010）

致智如　1通

智如（1971—　），山东泰安人，天津大悲禅院方丈。

智如大师：

合十祝愿幸福。

春节时嘱写"一层楼"三字，因本不擅书法，兼以年老体衰，久久未敢执笔。近来又微有手颤，毛锥更难运作，以致未能早日报命，歉甚。

近日天气转好，乃斗胆执笔，敬谨笔墨。春蚓秋蛇，实不堪入目。但佛前不作诳行，即以献丑于大德，能用则用，不用弃之即可。[①]

时间、姓名、石章等另纸呈奉，周章之处尚祈大师裁定，不胜惶恐。

南无阿弥陀佛！

来新夏合十
3.28（2013）

---

① 此匾后悬挂于天津大悲禅院卧佛殿楼上。

南開大學
Nankai University

智如大师：

　　合十祈願幸福

　　春节时嘱写"一座楼"三字因本不擅书法兼川年老体衰久久未敢执笔近来又微有小颤毛笔更难运作以致未能早日报

命颇歉。

　　近日天气转好乃斗胆执笔敬涂毫墨春蚓秋蛇实不堪入目但佛前不作谐行即以献丑于大师 贴用则用不用弃却可

　　时间姓名名章等另纸呈奉周章之处尚祈大师裁定不胜惶恐。

　　南无阿弥陀佛！

　　　　　　　　　　叶嘉莹合十
　　　　　　　　　　3.28

天津卫津路94號　　郵政編碼:300071　　電話總機:35.4700　31.5992

2013年3月28日致智如大师信

致孙喆　1通

孙喆（1971—　），辽宁岫岩人，中国人民大学清史研究所教授。

孙喆女士：

你好！

谢谢你的关注。

合同①收到，无意见。只是在第一条最后是否可附入"如印行其他纸质刊本，将赠与乙方　册"。我希望二册，是否会牵连其他合同？如有难处，不添亦可。

不情之请，尚请见谅。专复，祗颂

编祺

来新夏

04.9.27

---

① 指《清人笔记随录》一书出版合同，该书由中华书局于2005年1月出版。

致邓骏捷 7通

邓骏捷（1972— ），广东南海人，澳门大学中文系教授，澳门文献信息学会会长。

1

骏捷先生：

您好！前奉一函，谅邀青览。届时在澳当谋一晤。早年学生何广中定居澳门，前者去澳时曾晤一面。何原在澳门大学服务，我日前曾以特快专递致澳大转交，但今日被退回，云"此人已离校无法转交"，故特函请阁下就近打听何广中通信地址及电话。如能见到，即请将我的名片交付，以便互取联络。如有结果，即望见告为托。顺颂
秋祺

来新夏拜托
07.9.19

2

骏捷先生：

你好！

前者赴澳，多承接待，甚感。今日复获惠书，而所言为《别录》《七

略》姚本之辑补①，尤增芳草之思。辑佚一道为恢复佚书之唯一途径，今人久不弹此调，读大作如闻幽谷足音。我素喜目录之学，而苦无知音，今悉先生积学之作，诚圣人所谓"德不孤，必有邻"，信不诬也。俟暇当细读，设有所得，必就商榷。专复，即颂

年禧

来新夏

17日（2007.12）

3

骏捷先生：

你好！收到来函，承厚爱邀我出任学会顾问，不胜荣幸，自当拜受。所嘱题字，因本不善书，加以年老目眊，所书难入大贤之目，聊书四字塞责。随函奉上今春为韩国学者所写序一篇，以对刊物略尽绵薄，如不适用可弃置。拙作《中国图书事业史》经删订出版，即请指正。

又，学会所刊《地方文献学概论》一书，因内地多人酝酿写此题，如蒙惠赐一册，借以确定再编有无意义。诸多烦劳，尚祈鉴谅。顺颂

暑祺

来新夏

7.12（2009）

4

骏捷：

今年为陈援庵先生130岁冥诞，我得到伦明先生致陈师函一件，其中关乎《四库》校勘及《续目》收编诸事，特草一文供贵刊，是否可用。

---

① 指姚振宗辑录，邓骏捷校补《七略别录佚文　七略佚文》，澳门大学，2007年10月初版。

天气日寒，澳门可能尚暖，我一切如恒，请释远念。专颂
冬祺

来新夏拜上
2010 年 12 月 6 日

5

骏捷先生：

　　新春好！

　　前者为纪念陈垣老师冥诞，曾写文纪念，于去岁曾以快递寄至珠海拱北信箱***号，但时经一月，邮局将该件退回，称无人取件。为此我再一次以信件直寄澳门大学。如收到，即请速赐回音，并见告拱北邮箱是否已废弃。

　　专此，顺颂
近佳

来新夏
2011 年 1 月 20 日

6

骏捷兄：

　　你好！

　　鸿文已收到，谢谢。

　　近为一中年学者丁君所著《海源阁藏书研究》写一序，与文献刊物相近，特寄去一稿，请审定。

　　我最近在医院进行一次全面体检，结果尚好，"大病没有，小病不少"，只须调养维护节劳，想尚溷迹红尘几年，一笑。拙著尚望赐正。顺颂
冬祺

来新夏拜托
11.4（2011）

7

骏捷先生：

你好！

赐书二册已收到。《刘向》①一书正在拜读中。读后若有所见必写一文，请先生少安。

近日整理旧稿，发现一40多年前旧稿《太史公自序》札记多则，破碎漫漶，择其完整可整理者数十则，选20余则寄奉备用。

中秋将至，预祝佳节！

专此，顺颂

秋祺

来新夏
9.21（2012）

此件寄拱北邮箱拒收退回，再次邮寄澳大。

---

① 指邓骏捷《刘向校书考论》，人民出版社，2012年8月初版。

致王金魁 4通

王金魁（1972—　），河南封丘人，《书简》杂志主编。

1

金魁先生：

　　你好！

　　大札并刊物均拜读，谢谢。

　　信简是人类交流活动的重要工具，也是相传久远的文化现象，应称"书简文化"，它有故事、历史、人情、艺术等等方面内涵可供研求。应大力提倡。

　　我过去有保留来往书信习惯，但"文革"中引出许多麻烦，抄家后一摞信中总有几十个需交待的问题，甚至一句玩笑都可能包含什么不可告人的事，所以不仅把残留的信付之一炬，并决定不再留信。目前手中存信无几，难以一时提供，俟暇当检阅，或有所得再说。

　　我年龄较长，目力不济，思维也迟缓，难以一时成文。先写一函以表达一点想法，如有所作，定当请教。专复，祗颂

编祺

来新夏

04.8.14

2

金魁先生：

来函及纪念册均收到，谢谢。

最近因批判四大名著，《光明对话》邀我发言，我给主持人韩小蕙写了答问的信，可能适用于《书简》，特寄去一份供采用。

嘱写字，因年老手微颤，俟神清气爽略有把握，再写奉就教。此复，即颂
近佳

来新夏
2004.9.17

3

金魁先生：

你好！

《书简》已收到，谢谢。

1997年—1998年间，我曾与启功教师有多次通信，后因启先生身体不好，经常面谈而不写信，我曾将这批信件加以整理，收入《启功学术思想研讨集》。但此书流传不广，知者不多。近日，启功先生病情危重，拟重发以见先生之学术与奖掖后进之情，不知可否。专颂
近佳

来新夏
05.6.8

4

金魁先生：

  《书简》拜收，拙作《出枥集》蒙入藏，谢谢。遵嘱已在扉页题字。

  寄来邮票 6 元璧还。既是朋友间书信往还，何必计较区区之数，请查收，下不为例。即颂

夏祺

新夏
07.8.20

致金峰、张凤妹 5通

金峰（1972—　），上海人，奉贤区排水管理所干部。
张凤妹（1977—　），上海人，奉贤区中医院医生，金峰先生的夫人。

1

金峰君：

　　来函及书已收到。

　　（1）题词已难用毛笔，以硬笔代之。

　　（2）五本书已嘱家人送南开馆。

　　（3）拙作二书已签名。

　　草复，即颂

春天好

来新夏
二〇〇八年三月

2

金峰先生：

　　来信收到，谢谢你的入藏。

　　金峰与金峰君为二人，不但可笑而且有趣，较之诸葛亮与孔明为二人，尤为有趣。来信到手，正在吃饭，递与山妻一阅，几乎喷饭。今后自当改称"先生"二字。

"君"字一般为对小友之称呼，较"先生"亲切，"先生"则不免老成，但世道如此，亦只能从俗。

签名本可多卖钱，将来不妨将家中堆藏所著书一一签名加盖印章，定可抵挡物价腾踊，老夫又得一生财之道，得不抚掌呵呵耶！即复，顺问
近好

来新夏

08.4.3

3

金峰小友：

来信收到，所嘱写短序事已照办，即寄去。可用则用，不可用则弃之。

你的工作很有意义，望坚持。不知你如何克服困难，令人敬佩。

收到请来电话022-2350****，我近日去东北哈埠讲学，六月一日回津。

即此，顺颂
著祺

来新夏

08.5.21

4

金峰君：

你好！

上函云拟到萧山图书馆展出名人签名本，已与该馆孙勤（女）馆长联系。承孙馆长慷慨允诺，提供场地及所需条件，一切均不收费，请直接与萧山馆联系。

建议这一展览最好在春节时举行，展品可由物流装箱运去，有任何需要都可提出，请孙馆长解决，因我已着重嘱托过了。

如成事实，请见告。

浙江杭州萧山区图书馆（311202），手机139067*****。

专复，即致

春节好

来新夏
1.31（2011）

回信请把你的电话号码告知。

5

金峰、凤妹：

你们好！

谢谢你们慷慨相赠，慰我数十年渴念之殷。复印件已遵嘱写跋，因高年手颤，难得写字，很不像样，请原谅。

随赠近日出版之小书一种，望赏读。顺致

秋祺

来新夏
2013.10.3

致王振良 1通

王振良（1972— ），吉林公主岭人，天津师范大学古籍保护研究院教授。

振良：

匆匆通阅一过，感谢揄扬溢美，实不敢当。仅略订数处，请考虑修改。

新夏
5月25日（2013）

致高立志 1通

高立志（1973—　），江苏邳州人，北京出版集团北京出版社编审。

立志先生：

你好！

合同已收到，来函所言已同意，现签章奉上，请签署后寄还一份备查。

大札所提各件我已照办，请见合同。承告愿为多做责编，甚为感谢，真正体现编者与作者间的"互为衣食父母"的感情。

我年逾90，再写新作，当待数年，手头有三书可供采用参考：

一、《中国地方志》，1995年台湾商务印书馆出版。

二、《古籍整理讲义》，2003年鹭江出版社。

三、《中华幼学文库》，内含《三字经》《百家姓》《千字文》《千家诗》《杂字》，五种均收繁简及不同版本，南大出版社1995年9月。

三书均与原出版社失效。

希望有机会面谈。专复，即致

秋祺

来新夏

10.1（2013）

附上最近出版的《邃谷序评》一小册，请指正。

致吴文康 1通

吴文康（1973— ），广东湛江人，时任《中国社会科学报》记者。

文康先生：

采访稿已阅，基本可以。改订了几处：

① 题目仅用"电脑笔耕"，限制涉及范围，我改为"晚年生活"，概括面广些，最后由你确定。

② 编《文集》非我本意，是老学生一番心意，集几位他的研究生搜集编成，只是单篇论文，而非专书汇集。我关注而非自编，这必须明确。因为这是陈垣老师的教导。《文集》的主编是我早期研究生徐建华教授，南开大学信息资源管理系博导。

③ 标点改了部分，请你决定。

谢谢你的关注。顺致

新年好

来新夏
2014.1.21

致朱自奋 10 通

朱自奋（1974—　），浙江宁波人，《文汇读书周报》编辑。

1

小朱：

你好！

我写了一则署名，写了几个，因眼睛不好，不能再小了，请原谅，请电脑处理一下。

图章盖得不清，又洗了一下，另纸盖上，请选用。

我本不擅书法，高年目眊，更不堪寓目，只为安慰老人之心，冒昧献丑而已。

全家好

来新夏
05.8.11

2

小朱：

你好！

近读《清人笔记随录》，发现有不可原谅的错处，应公开其错，故写《我的自纠状》一文以致歉读者，请惠予刊发，谢谢。此问

近佳

来新夏
05.9.9

3

小朱：

你好！

寄去一稿，汤纲教授原是复旦文博学院的院长，是一个低调人物，所以特写一文以纪念他，用否请你裁决。

我 12 日到上海，住华师大附近的金沙江酒店，16 日返回。不知你有时间否？如可能则见一面，不要勉强。

即颂

你好

来新夏
11.2（2005）

4

小朱：

你好！

应约为你写《一手二手与三手》一文，自认为有"茶话"味道，寄去你审阅，望能早发。

柳园是刘绪源笔名，此文是有感他所写一文而发，已另寄一份给他。

祝

节日好

新夏
5.1（2006）

5

小朱：

　　这是我祖父 1907 年写的遗著，最近由岳麓正式出版（经过整理），特送你一本收藏，如能作一介绍，更为感谢。即问

近好

新夏

9.9（2008）

6

小朱：

　　最近为浙江图书馆一位研究馆员袁逸的随笔集写了篇序，自以为尚有点情趣，不知能在《茶话》版发一下？

　　袁逸是浙江图书馆界的知名人士，这本小集已将由岳麓书社正式出版，希望能在面世前推介一下，拜请帮忙。即颂

近佳

来新夏

6.11（2009）

7

自奋：

　　你好！拙著《交融集》本月已由岳麓书社出版，这是我体现自己随笔风格（以文为体，以史为干）的一本选集，希望得到你的支持推荐。

　　我一切均好，只是行动迟缓些，已非当年矫健了。

　　祝

春节好！

来新夏
（2010.2）

8

小朱：

你好！

崔文印先生是中华书局的资深编辑，最近与妻子曾贻芬将历年有关书的文章编成一集，名《籍海零拾》，邀我作序。我写了《文如其人》的序，论人品与文品应一致，送请审定。如蒙刊发，不胜感谢。该书即将于年底由中华书局出版。

专托，顺颂

编祺

来新夏
10.17（2010）

9

小朱：

你好！

最近上海人民出版社筹划为我出一套随笔选。[①]我请中央美院壁画系一位老师编选，现已交稿。

编选者赵胥先生是中年油画家，文采颇佳，只有30多岁，很有功底。他通选后写了一篇序，我觉得可用，准备作全书的序，想先在你报刊出可否？如蒙采用，电话告知，以便奉上电子版。

---

① 当指上海人民出版社于2015年出版的"来新夏随笔自选集"，含《书卷多情似故人》《说掌故　论世情》以及《问学访谈录》，书前总序即赵胥《文心史记——略谈来新夏先生随笔》。

多次烦劳，请谅。顺致

秋祺

来新夏
10.14（2011）

10

自奋：

暑热请多珍重。

吴谷平先生写了封信来，谢赠他《书文化九讲》，一面要我写一"容"字，要编一部百容图。我已很难写好毛笔字，因是你推荐的朋友，只好勉强用毛笔写了好几个，都不满意，只好请吴先生自选。盖了几个小章，请他选用。

我最近读了些近代学人书信手札，其中有一封汤先生对整理古籍的建议，很有见地，中华书局流散出来，实不应该。写了篇小文①寄给你，能发则发，不能发弃之，请定夺。

祝

近好

来新夏
8.6（2012）

如稿可用，请电话告，将托办公室代办邮箱发往。

---

① 指来新夏《汤用彤先生整理〈高僧传〉的五项建议》，后刊于《书品》2012 年第 5 期。

致李庆英 1通

李庆英（1975— ），江苏连云港人，《北京日报》高级编辑。

庆英：

  你好！

  今年是台湾建省120周年，10月中旬在合肥召开的两岸刘铭传研讨会，以纪念建设台湾的首任巡抚刘铭传。我应邀在会上作了《刘铭传与台湾开发》的发言，并整理成文。文中更涉及如何评论历史人物的问题，送请裁夺，并请尽早见告处理意见。

  专此，祗颂

冬祺

来新夏
05.11.5

致汪志华 3通

汪志华（1980—　），江西彭泽人，中共杭州市萧山区委党史研究室（萧山区人民政府地方志办公室）副主任。

1

志华：

这次去萧，值你回籍省亲，未晤为憾。

民24年本《萧山县志稿》即将付印，沈主任请我写序，已经沈主任看过，现已修改定稿，拟在《萧山记忆》刊发。请请示沈主任后再定刊否。

随函寄奉文稿一篇。

即颂

编祺

来新夏

09.10.11

2

志华：

丛书[①]早已收到，至今始浏览一过，挥汗作文，又费时日。现将序言全文寄去二份。另一份交沈主任，请他订正。你们对序文可改动，如不合需要，

---

① 指萧山区历史学会主编"萧山历史文化丛书"。

废之另写亦可，万勿客气。专问

近好

来新夏
7.20（2011）

3

志华：

最近为《萧山地图集》写序一篇，寄《萧山记忆》，是否刊发请裁定。如发，最好近期。

虽已立秋，但暑热未退，请注意身体。

来新夏
8.14（2011）

致荆时光 6通

荆时光（1981—　），山东威海人，时为《光明日报》编辑。

1

时光小友：

　　来信收到。

　　关于袁世凯问题，以往都是贬词，近年稍有持平论，各有褒贬。我在《北洋军阀史》中有所涉及，袁善于权术，成为北洋集团首脑，亦是经营多年。北洋对民族、国家有害，应是定论，但袁在小站练兵确为中国军制改革有所贡献，亦是当时富国强兵潮流冲击。清末，他在天津有些改革建树，21条件亦曾有所思虑，所以不能以"窃国大盗"一语概括之。

　　对于人物评论不能一概而论，应该"论其功不掩其过，叙其过不没其功"。

　　陶菊隐之书有演义，李宗一之书较简明，唐德刚之书可读。

　　读书做学问有一过程，不可急于求成。

　　专复，顺颂

近佳

　　　　　　　　　　　　　　　　　　　　　　　来新夏
　　　　　　　　　　　　　　　　　　　　　　　05.3.16

2

时光小友：

　　来函收到，所言亡友孙思白教授藏书散出，内心甚感悲怆。物是人非，人事变幻，殊难逆料。据告我之赠书中有所勾划并夹纸条，但不知有无文字批注，勾划处是否有含意，望暇时见告。或将此书借我一观，用后定行奉还。睹物方可思人，聊尽故人友情。专颂
春祺

来新夏
05.4.27

3

时光小友：

　　《冷眼热心》一书①已见到，确为当年旧物。而物在人亡，徒增欷嘘，乃题识数语，以志世事沧桑。原物奉还，尚希善藏，所附夹条定为亡友诤言，如能找到，望复印见寄。专问
近好！

来新夏
二〇〇五年五月

4

时光小友：

　　来信收到，因目力欠佳，稽迟未复，歉歉。
　　杨杏城其人史料，不知出处，难以奉告。

---

①　即自孙思白家散出之书。

袁氏称帝主要是当时社会复辟思潮的推动，个人作用只是助纣为虐而已。

北洋练兵对改革旧军制有进步意义，其他作为难称进步。

你好

来新夏
05.9.14

5

时光小友：

大札并拙作均收到，《结网录》已于卷首略缀数语，目眊日甚，书写拙劣，祈谅。

清末立宪运动，以往偏左谥以假立宪之论，实则大有可进而钻研之处。治史之评论有一底线，即所行事是否为前此所未有，若突破前事，则应给以一定评价。清末立宪确为二千余年封建体制所未有，故有重加评定之空间，望能多方搜求有关论著，并读清廷立宪原档，以挖掘立意。聊奉数言备参。
即颂
春禧

来新夏
二〇〇六年正月

小食品三盒拜领，谢谢。

6

时光吾友：

你好！

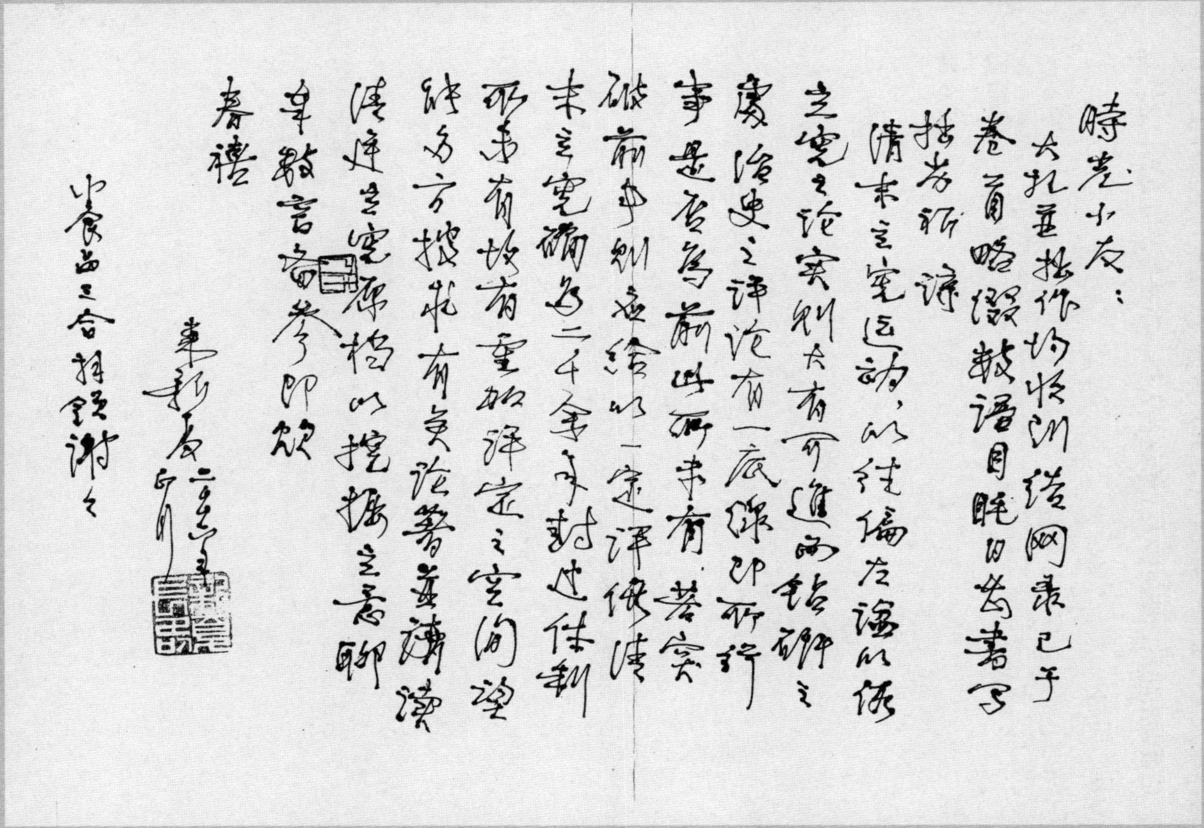

2006 年正月致荆时光信

大作《晚清十大佬》①一书已收到，并已读完。

总印象是写得很有可读性，主角亦选得恰当。这些内容实际上可上百家讲坛，是否设法联系，使更多人了解这些人物，亦是普及历史知识之一途。

专复，即颂

夏祺

来新夏

07.6.24

---

① 指时光《晚清十大佬的生存智慧——危局造就英雄》，陕西师范大学出版社，2007年2月初版。

致眉睫 1通

眉睫（1984—　），湖北黄梅人，华中师范大学出版社编辑。

眉睫：
　　你好！
　　收到信件及大作，因心微恙初复，尚在休息，迟复为歉。
　　大作已通读，其中三分之一人我见过，三分之一人我读过他们的书，三分之一人我无所知，在熟悉和补足空白方面获益良多。及至翻读折口，读君简历，不仅惊讶君未及而立而专著多种，所惠大作，十年积累，尤见功力。反躬自问，不禁钦佩，复有感叹。回想一生从业，前30年不是啦啦队，就是运动员，运动连翩，青春虚度，新增知识乏善可陈，旧有知识遗忘多多；后30年稍得宽松，心思"恶补"，成效甚微。见君未达而立，不禁哀叹老朽之衰微，叹君子之有幸，仰天一啸，"一代风骚让后来"，君其勉诸！
　　虽未觌面，心向往之。老朽年逾九旬，一事无成，目前艰于行，目眊手颤，久已拒为人作序题签，而慕高才，亦求附骥，待精力恢复，天气晴朗，当尽力报命。尚祈有待，并请鉴谅。顺致
秋爽
　　　　　　　　　　　　　　　　　　　九一叟　来新夏顿首
　　　　　　　　　　　　　　　　　　　　　　　　2013.9.28
附及：
　　今日（10.2）天气晴朗，光线明亮，我也稍有力气为君题签，但手颤难完全控制，写了四五幅都不满意，只能从中挑一套寄去。写得不好，请君用

电脑调配选择，修改美化一点，少免羞愧。一切见笑后辈，好在脸皮已老，顾忌较少，谅谅。

随函寄去近出版之《邃谷序评》，博君一粲。祝
节日快乐

新夏
10.2（2013）

致廉长江 1通

廉长江(？—2019)，天津人，科技发明者。

廉长江先生：

  长函拜读。

  尊府情况获知颇丰，谢谢。

  拟赠各物，现已摒弃研究，且正在调出所藏，请勿见赐，心领盛情。

  年逾90，精力衰退，只求怡然养生，其他非所及也。

  专复

新春好

来新夏

1.20（2013）

致小庄 1通

小庄，某地史志部门工作人员，其他情况不详。

小庄：

  晋祠一晤[①]，你的爽朗性格印象极深，多年从事方志搜检工作，利人功德，甚为钦佩。前告孤本数字，会上发言曾引用，归津后拟引录入文，遍寻无着，想系忙乱中丢失，十分歉然。特请你再劳神写告，并请尽快见告，以便入文。麻烦之处当请原谅。此问

近好

来新夏
8.6（1981）

[①] 当指1981年7月25日至8月1日在山西太原举行的中国地方史志协会成立大会暨首届地方史志学术讨论会。

致杭州市萧山区党委、萧山区政府　1通

萧山区党委、萧山区政府：

您们好！

在我八十初度举办学术研讨会之际，我非常荣幸地收到家乡党和政府的贺电，并派专人莅会，关爱之情，令人感动。我籍隶萧山，而少小离家，谋食四方，未能为桑梓多所服务，而父老乡亲呵护备至，深情厚谊，令我深感愧怍。

萧山易市设区，为现代化大都市建设竭尽心力，体现"钱江时代萧山人"的高尚风格，我将引以为荣。我虽年登耄耋，而壮心犹在，设家乡有所驱策，定当不遗余力，贡其所能，为新萧山强区建设发挥全部热力。专申谢忱，敬请

公绥

萧山子弟　来新夏再拜
二〇〇二年六月十一日

致杭州市萧山区志办　1通

萧山区志办暨全体同志：

您们好！

今年是我八十初度，有关单位发起举办学术研讨会，以示庆贺。辱承志办沈迪云、陈志根二同志代表志办，不辞千里，远道与会，为会议增色不少。我少小离家，谋食四方，数十年于家乡贡献极少，深感内愧。近闻有撰修《萧山市志》及启动二届修志之议，如有驱策，定当效力，专申谢忱，顺颂

撰祺

来新夏拜上

二〇〇二年六月十二日

附转呈区党委与区政府谢函一件。

致《书品》编辑部　1通

《书品》编辑部：

顷读贵刊二〇一〇年第六期所刊李金松君的《〈清人笔记随录〉辨误一则》一文。特奉告下情如次：

（一）拙作《清人笔记随录》一书，由中华书局2005年1月出版后，经友人提醒，应翻读一遍。历时二月读竟，果然发现记事与标点错误数处。当即写成《自纠状》一文，订正错误，检讨治学不严等，寄往上海《文汇读书周报》，该报于2005年9月3日第3版全文发表。想已为读者所见。

（二）2008年4月前，中华书局拟印第二版，通知我进行一次修订。我遵命又一次翻读全书，将叙事不当与标点不洽等处，均按中华书局要求，作了不大动版面的修订（包括李君文中所举出之《南江札记》条）。4月，该书第二版正式问世，多有所改正，想也为读者所见。

经过上二项申明与订正，自信已不致贻误读者，内心粗安。2010年6月间，某报社转来李君批评文章，因该社编辑人员知道《清人笔记随录》已有订正二版，故未发文而将李文转我参考。我十分感谢李君的关注和报社认真辨识的态度。为表达谢意，我向李金松君专函奉复订正经过并向其致谢。

今贵刊于第六期公开发表李金松君全文，中华书局对本版已订正错误之书又重加批语，令人不解。我不得不也做出公开回应，以明经过。并再一次向读者致歉。至祈贵刊惠以一角，早日刊出，不胜企盼之至！专此，顺颂编祺[①]

来新夏拜上
2010年岁末

[①] 此函刊于中华书局《书品》杂志，发表时编辑补拟标题《来新夏的回应》。

致原旅津广东中学　1通

原旅津广东中学[①]：

各位老师和同学们好！

我是1942年本校高中文科毕业生，是年近九十的老校友。我从1937年入学，前后五年的学习过程中，备受老师的关爱教诲。在日寇铁蹄统治下，托庇于法租界，而罗光道老校长身体力行，经常给予学生以爱国教育，成为当时租界内各校中的名校。同学间亦极友爱互助，在艰难困苦的条件下励志自强，学好知识，为未来的抗战胜利贡献社会作准备。

时间快速的逝去，我离校已越一甲子。回忆自己的人生历程，求学广中是我奠定人生事业基础的最可贵的中学时代。我怀念老师和同学，他们或已离开无愧的人世，或已临暮年，闪耀着晚霞的光彩，愿借此向我敬爱的师友们致意！我理应亲与盛会，无奈年高体弱，行动不便，谨备寸笺，耑致贺意。

祝母校校庆圆满成功，百年树人，奋进不已！

祝新一代校友茁壮成长，为国储才。让我们携手共创未来！耑致贺忱

1942年校友　来新夏
2011.10.5

[①] 1952年改名"天津市第十九中学"，为天津市首批历史名校。

编后记

2014年4月,来新夏先生去世后不久,我草拟了《来新夏先生资料征集启事》,以天津问津书院名义打印200份,通过焦静宜老师分发各界师友。这次征集收效最显的就是函札较多,遂萌发编辑先生书信集的设想。

不过设想归设想,行动却至为迟缓。直到2020年7月,夏春锦兄来电话约稿,冀以《来新夏书信集》加盟"蠹鱼文丛",此事终于提上日程。其后我几次找焦静宜老师协商,敲定了操作思路、编纂体例、出版合同等项,并有针对性地对来先生的函札再次进行征集。但当时焦老师困于《来新夏文集》的收尾,我则忙于《来新夏学记》的辑录,迁延至2021年2月,书信集的编辑才真正启动。

本书编辑具体流程是:征集到的函札电子图档,由焦静宜老师按收信人汇总后拷贝给我;我逐封考订写信时间并排序,交排版公司录入文字;焦老师依电子图档进行三轮审校,我配合进行三轮复校,排版公司改定后发我电子文档;我对电子文档进行重点核校和最后整理,为每位收信人撰写简介并根据出生时间排序。

这个流程虽说并不复杂,但操作之曲折却让我始料未及:一是函札之汇集不断加增,付诸打字和审校之时仍有过两次较大规模补入,各批次函札编校进展不一,衔接之间稍有不慎就易出错。而在书稿编定之后,焦老师那里又征集到致虞信棠先生札13通、致周轩先生札1通,而我这里则征集到致马忠文札1通,又经汪志华先生绍介征集到致陈明猷札5通(杭州高立民、乐清陈晓朋提供)、致顾廷龙先生札1通(陈晓朋提供),而每次增补都需要小心翼翼。二是函札的释读和编校问题。对来先生的书写习惯,虽然焦老师很是熟悉,我也不算陌生,但晚年握笔之手难免颤抖,仍有少量文字不易辨识，需反复推敲才敢定谳。至于繁体字、异体字、二简字的处理，还有函札通数的认定等，虽然都是细枝末节，但也耗费不少心力。三是很多函札落款只有月日，确定写作年份不易，需要结合内容曲折地查考，再由焦老师以先生日记等来订补。部分函札虽有收信人补注的年份，但并非全都可靠，存在较大误差者要亦有之。四是每人字数寥寥的简介，竟也遇到巨大困难。因需按收信人出生先后排序，而同年出生的师友在所多有，故时间必须精确到月甚至日。我在能力范围内初步查实后，又由焦老师写信、打电话或辗转托人，联系收信人的后代、朋侪或单位才基本解决。可即便如此，仍有廉长江、小庄两人无法获知精准信息。

本书收录来新夏先生函札近500通，最早一通是1980年4月致荣孟源，最晚一通是2014年2月致罗文华。这批函札除少量写给来氏亲族之外，主要可分四大部分：一是与历史学、方志学、文献学界师友的学术交流，二是与出版社编辑关于图书出版的洽商和内容的修订，三是与报刊编辑、记者的文稿沟通，四是与民间读书人的书谊。通过这四类函札，可以清晰地管窥到来先生的学术生涯和人生轨迹，为"来学"研究提供足资参照的细节资料。

焦静宜老师作为南开大学出版社编审，以其专业的精神和深挚的亲情，对本书倾注了比我更多的心血，令我这个后学感到愧恧和汗颜。我深度参与的天津记忆团队和天津问津书院，来先生都曾膺任顾问。而先生于我个人，更是有教诲和助力之深恩，完成书信集的编辑，对我来说固属义不容辞。

来先生八十诞辰之时，其业师启功先生惠诗以寿，有句云"鸿文浙水千秋盛，大著匏园世代长"，盛赞来氏家族"鸿文""大著"有功于"浙水"。先生降于杭城，葬于萧山，今值百年诞辰之际，其书信集又将由浙江古籍出版社付诸铅椠，也是先生以另一种形式"荣归"故里吧！谨向促成其"荣归"的"蠹鱼文丛"策划人夏春锦先生、周音莹女史，向责任编辑孙科镂老师表示由衷的谢意！

澹荡海河水，磅礴钱塘潮。走笔至此，有怀先生！

王振良
辛丑腊日初草于沽上乱云室，癸卯立夏改定于半湖斋

"蠹鱼文丛"书目

《问道录》 扬之水 著
《浙江籍》 陈子善 著
《漫话丰子恺》 叶瑜荪 著
《文苑拾遗》 徐重庆 著 刘荣华、龚景兴 编
《剪烛小集》 王稼句 著
《立春随笔》 朱航满 著
《苦路人影》 孙郁 著
《入浙随缘录》 子张 著
《潮起潮落——我笔下的浙江文人》 李辉 著
《越踪集》 徐雁 著
《木心考索》 夏春锦 著
《文学课》 戴建华 著
《老派:闲话文人旧事》 周立民 著
《定庵随笔》 沈定庵 著
《次第春风到草庐》 韩石山 著
《藕汀诗话》 吴藕汀 著 范笑我 编
《学林掌录》 谢泳 著
《如看草花:读汪曾祺》 毕亮 著
《读写光阴》 孔明珠 著(待出)
《书是人类的避难所》 安武林 著(待出)

书信系列

《锺叔河书信初集》 夏春锦等 编
《龙榆生师友书札》 张瑞田 编
《容园竹刻存札》 叶瑜荪 编

《李泽厚刘纲纪美学通信》　杨斌　编
《来新夏书信集》　来新夏　著　王振良　编
《丰子恺丰一吟友朋书简》　杨子耘、禾塘　编（待出）
《丰子恺子女书札》　叶瑜荪、夏春锦　编（待出）
《汪曾祺书信笺释》　李建新　笺释（待出）